JN411192

그림자,
연인

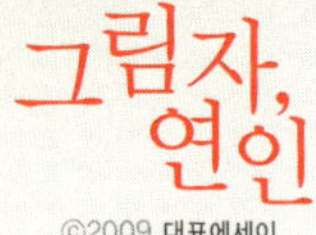

초판 발행 2009년 11월 15일
지은이 대표에세이 문학회

펴낸이 안창현 **펴낸곳** 코드미디어
북 디자인 Micky Ahn **편집디자인** 장민서
교정 교열 이진, 황기도
등록 2001년 3월 7일
등록번호 제 25100-2001-5호
주소 서울시 은평구 갈현1동 419-19 1층
전화 02-6326-1402 **팩스** 02-388-1302
전자우편 codmedia@codmedia.com

ISBN 978-89-962704-6-1-03810

정가 10,000원

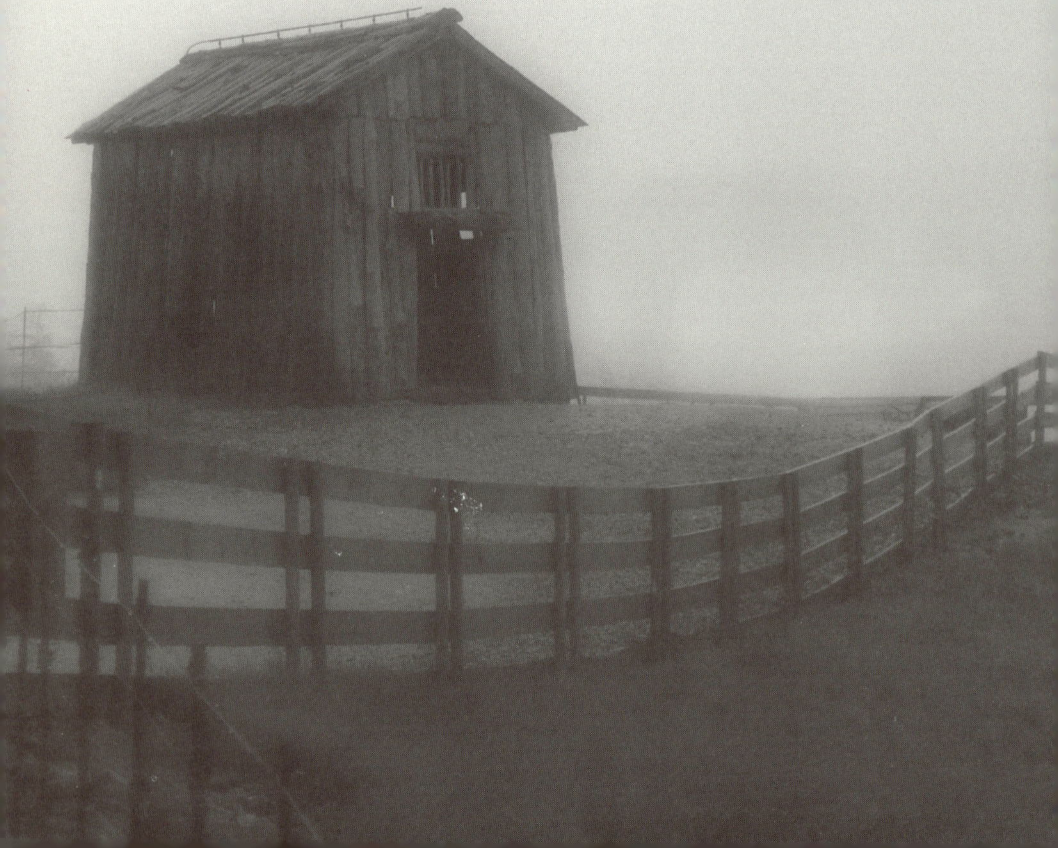

그림자, 연인

이름 가린 수필가들의 죽기 전에 고백해야 할 사랑

사랑…아, 사랑

최근에 한 잡지사에서 설문조사를 발표했다.

'3,40대 주부들의 로망은 무엇일까' 하는 주제였다. 대부분 육아와 살림, 교육과 내집 마련에 대한 스트레스로 일상을 보낼 그들의 첫 번째 로망은 놀랍게도 '불꽃같은 사랑'이었다.

그 순위를 확인하는 순간 세상이 환해지는 것 같았다. 경쟁과 질주 일변도의 현실에서 그들의 꿈이 '로또'나 '주식대박' 같은 물질적인 것이 아닌, '사랑'이라는 형이상학적인 어휘에 머문다는 것이 순수의 상징처럼 느껴졌다. 자신의 감정에 가장 정직하게 다가서고 삶이 아름답게 보이는 때가 사랑하는 순간이기 때문이다.

사랑 – 쉽고 흔한 말이지만, '사랑'이 아니면 도저히 표현할 수 없는 감정이야말로 아름다운 삶의 궁극이고 절정일 것이다. 늦었지만 우리는 이 사랑의 행방에 대해 말하고 싶어졌다.

대표에세이 문학회는 〈월간 문학〉을 통해 등단한 작가들의 모임이다. 평균 나이 50언저리다. 어쩌면 세상의 그 어떤 사련이나 비련도 다 품으며 들을 수 있을 것 같다. 죽기 전에 가봐야 할 곳, 먹어볼 음식, 봐야할 영화도 많지만, 우리는 죽기 전에 고백해야 할 사랑을 쓰기로 했다.

그동안 다양한 테마로 스물 다섯 권의 단행본을 세상에 내 놓았지만, 수필이라는 장르가 지닌 체험과 고백의 틀에서 자유로울 수 없었다. 사랑 이야기, 더구나 은밀하고 치명적인 러브 스토리는 금기나 다름없었다.

여기 수필가들이 혐의 짙은(?) 연애 이야기를 털어 놓는다. 그 생생한

육성은 그들의 생애를 흔들었던 순간들이다. 더러는 잊거나 잃어버린 사랑, 그리워 가슴을 쓸어내리는 현재의 사랑까지 격렬하면서도 아픈 사랑의 기억들을 오롯이 고백했다.

잠시 이름을 가리기로 했다. 누군가에게는 상처가 될 수도 있다는 비겁한 변명이 그 이유다. 그리고 우리 또한 내일의 태양을 맞아야 한다는 사실 앞에 적나라하게 놓여 있기 때문이다. 삶의 결박감은 이렇게 모호한 가면을 쓰게 하느니.

사랑이란 이름으로 마련했던 그와 나만의 유일한 소통, 감촉, 환희와 고통…. 누군가는 그 사랑에 치어 죽음에 이르기도 했으나, 우리는 이렇게 치열한 삶의 한가운데에서 뜨겁게 기억하고 사랑을 꿈꾼다. 그래서 세상 모든 사랑은 첫사랑이고, 무죄일지 모른다.

정직한 사랑의 감정으로 다시 돌아와서 동인지를 장식해준 동인 여러분의 거침없는 필력에 감사드린다.

2009 가을
대표에세이 문학회

회 장 박미경

그림자, 연인

Contents

뒤로가는 그림자

Q가 L에게 메르헨 10
미산美山 곽은녕 16
여정 조나단 24
내 스무 살의 별을 빛내주는 한 사람 사수자리 32
구월의 노래 데미안 38
한밤이여, 안녕 쓰르라미 46
찔레꽃 실루엣 52
갑사로 가는 길 가을동화 58
추억은 요술쟁이 서연 66
추억의 손짓 김동백 74
작은 돌멩이 하나 은빛하늘 80

달려가는 그림자

서울역 J 88
눈물의 웨딩드레스 장생주 96
푸르른 날의 사진 한 장 달빛 104
그리움으로 여는 비원 먼 바다 112
다리 위에서 만난 인연 송연당 118
못다 꾼 꿈 김학 124
5월에 만난 그대에게 하영 130
40년 전 사랑을 불태웠던 그 자리 에트랑 136
가을빛 사랑 시 낭송회 오솔길 144
고백 감이 익을 무렵 152
너와 함께 그 길을 갈 수 없었다 자수정 158

Contents

앞으로 가는 그림자

도적같이 오는 사랑은? 윤자명 166
혜성의 꼬리들 최진주 174
그대여, 나를 용서하세요 알리사 180
능소화 사랑이… 옥치부 184
산딸기 사랑 윤활유 188
가녀린 삶의 언덕 이창옥 194
첫사랑 그리움 198
수채화 봉희 204
한때는 사랑했던 그 남자 류경희 210
사랑하라, 멋지게 살려거든 김지헌 216
사랑의 방법에 대하여 정목일 222

뒤로 가는 그림자

Q가 L에게

메르헨

아아, 사랑은 늘 고통의 페달을 밟아
자기의 등불을 밝힌다고 하더군요.
당신의 눈길이 닿는 곳마다 별이 돋고
당신의 손길이 닿는 곳마다
꽃이 피던 때가 그립습니다.

몇 번이나 망설이다가 이 편지를 씁니다.

너무 많은 시간이 흘러버려 어쩌면 당신은 나를 까맣게 잊고 사는지도 모르는데, 젊은 날 당신을 스쳐 간 많은 인연들 속에 묻어 기억의 저편으로 던져 버렸는지도 모르는데 나의 이 느닷없음에 행여 당신이 당황스러워 할까봐서 입니다. 그러나 오늘 저는 마음이 아픕니다. 더 할 수 없이 쓸쓸하기도 합니다. 그러니 하는 수 없습니다. 당신이 놀라셔도 어쩔 수 없습니다.

기억나시는가요? 제가 늘 당신을 기다리던 골목어귀 버스 정류장 앞 담배가게를요. 그 가게가 오늘 해질 무렵, 마지막 한 뼘 남은 담장이 헐리는 것으로 이 지상에서는 사라지고 말았습니다. 흰 눈이 내리는 날이면 하얀 고드름을 매단 앙상한 가지로 하늘을 받들고 섰던 가게 앞 은행나무도 허연 뿌리를 하늘로 치켜든 채 차에 실려 어디론가 떠나고, 당신이 담배 한 대를 피워 물고 즐겨 앉곤 했던 담배가게 밤색 소파는 다리가 부러진 채 시멘트 벽돌 잔해 위에 버려져 있었습니다. 계절이 바뀌는 때나 까닭 없이 마음이 울적해지는 때면 나도 모르게 발길이 와 닿던 곳이었는데 말입니다. 도심에 있지만 비탈진 곳이라서 사람들의 관심 밖으로 밀려난 탓에 긴긴 세월 동안 우리의 추억을 용케도 지켜 준 곳이지요.

그때 당신이 떠나버린 이듬해 봄이었습니다. 비로소 난 혼자만의 이별식을 하였지요. 가슴 속에 작은 방 하나를 만들어서 모든 추억을 넣은 후 문을 닫기로 했습니다. 그때쯤이었을 겁니다. 가끔씩 아주 가끔씩 내 몸에선 맨드라미꽃 타는 냄새가 나더군요. 비릿하고 알싸한 그 냄새가 심장에서 울컥거리다가 목울대를 치고 넘어 올 때면 나는 습관처럼 담뱃가게 앞을 서성이며 도착하는 버스들을 기웃거렸습니다.

그 후, 참 많은 시간이 흘렀어요. 그동안 우리가 함께 심었던 화단의 수국 꽃이 서른 번도 더 피고 졌어요. 그런데도 나는 여전히 수국꽃이 만개하는 날이면 화단가 석류나무 아래에 푸른 초석을 펴는 내 마음을 봅니다. 그 마음은 또 당신 손길이 밴 작은 소반 위에, 좋아하시던 맑은 술과 몇 가지 안주를 장만하여 하얀 모시 수건과 함께 놓아두지요. 아아, 사랑은 늘 고통의 페달을 밟아 자기의 등불을 밝힌다고 하더군요. 당신의 눈길이 닿

끝이 보이는 사랑은 하는 게 아니라고 하였지요. 그러나 사랑은 그렇게 가려가며 오는 게 아니었습니다.

는 곳마다 별이 돋고 당신의 손길이 닿는 곳마다 꽃이 피던 때가 그립습니다.

당신이 처음 내 집에 하숙을 들던 날 당신 방 창문에 달아 드린 노란색 천으로 만든 커튼도 기억 하시는가요. 그 커튼 사이로 아침 햇살이 들어 올 때면 세상의 빛이 모두 다 당신께로 왔다며 눈초리를 길게 늘이며 아이처럼 천진하게 웃곤 했지요. 훗날 내가 세상을 떠난 후, 하느님의 은총이 있어 단 하루 살 수 있는 날이 주어진다면 난 당신이 내 하숙생이 되던 그날을 택할 겁니다.

가끔씩, 그토록 간절했던 순간에도 우리가 끝내 섞지 못한 게 무엇이었는지를 생각해 봅니다. 그래요, 그것은 바로 고향이었습니다. 당신은 내 손을 잡고 어머니가 계시는 고향마을 동구를 들어 설 용기가 없고 나 역시도 당신 손을 잡고는 내 부모의 집을 들어서지 못하는 탓이었습니다. 부모를 나누지 못하고 형제를 나누지 못하는 우리가 그 시절에 이룰 수 있는 것이란 아무것도 없었습니다.

끝이 보이는 사랑은 하는 게 아니라고들 하였지요. 그러나 사랑은 그렇게 가려가며 오는 게 아니었습니다. 짧은 황홀과 긴 고통을 풀어 놓는 사랑, 당신을 전부 알았다는 생각이 들 때쯤이면 당신은 나의 생각에서 벗어나 저만큼 가버렸습니다. 또한 당신은 나의 사람이고, 당신의 마음 한자리에 내가 있다고 믿는 순간에도 당신은 엉뚱한 행동을 하여 나를 당황하게 만들었지요. 그런 것들이 그때는 가슴팍 깊은 곳에 징으로 박혀들었습니다.

그러나 이제는 압니다. 사람에게는 각자의 우주가 있고 누군가를 사랑한다는 것은 그의 우주 모두를 사랑해야 하는 것이더군요. 사람의 마음이란 본디 하나가 아님을 깨닫는데 그 많은 시간을 제물로 쓴 셈입니다. 이렇게 혼자서 내 안을 들여다보면 마음 밖으로 나간 내 마음들도 가끔은 돌아오지 않은 게 있는데 하물며 타인의 마음이야. 고백하건데 지금이라면 당신의 우주를 모두 끌어안을 수도 있을 것 같은데 당신은 이제 너무 멀리 계시는군요.

잊는다 하면서도 잊었다 하면서도 또다시 그리운 사람이여, 어떤 시인은 다 잊으니까 꽃이 피고, 다 잊으니까 강물이 흐르더라 하더이다. 내 마음엔 언제쯤이면 꽃이 피고 언제쯤이면 강물이 흐를까요. 삶의 길 한쪽에 서서 늘 행복하시라 비는 봄길 같은 내 눈길을 부디 잊지 말아 주십시오.

잊는다 하면서도 잊었다 하면서도 또다시 그리운 사람이여, 어떤 시인은 다 잊으니까 꽃이 피고, 다 잊으니까 강물이 흐르더라 하더이다. 내 마음엔 언제쯤이면 꽃이 피고 언제쯤이면 강물이 흐를까요.

미산
美山

곽은녕

'모든 순간은 생애 단 한 번의 시간이며,
모든 만남은 생애 단 한 번의 인연입니다.'
법정 스님의 말씀입니다.
그 단 한 번의 인연 때문에
몹시도 원망을 했지요.
그 뿐인가요?
이 목숨을 내놓으려고까지 했으니까요.

To : Dearest Wellington

꿈에 당신을 보았습니다. 비 오는 거리에 우산을 쓴 채 서 있는 당신. 누군가를 하염없이 기다리는 모습이었습니다.

우리가 헤어진 지 벌써 4,5년이 지났네요. 솔직히 제가 떠났지요. 지금, 당신은 어찌 지낼까요? 안부조차 물어 볼 자격이 제게 있는 지 목소리가 쉽게 나오지 않네요. 아직도 생생하게 떠오릅니다. 두 눈에 눈물을 가득 담고 마지막으로 했던 그 말.

"제발 날 떠나지 말아줘, 제발!"

새벽이었습니다. 텍사스, 코퍼스 크리스티 공항에서 우린 이별을 했습니다.

시간이 등을 치고 흘러갑니다. 계절이 가슴을 뜯고 지나갑니다. 어느덧 전 두 아이의 엄마가 되었습니다. 문득 아이들을 바라보고 있노라면 당신 생각이 납니다.

"난 아이들이 좋아. 5명을 낳아 기르고 싶어."

당신 곁에 그토록 좋아하던 아이들이 해맑게 웃고 있을까요?

우리가 처음 만난 것은 영어 학원이었어요. 전 대학원에 다니고 있었고, 당신은 강사였지요. 어찌나 수줍어하는 지 수업 내내 고개를 잘 들지 못하더군요. 사람들은 당신에게 별명을 하나 지어 주었어요.

'부끄럼쟁이 천사.'

그 부끄럼쟁이 천사가 어느 날 제게 데이트 신청을 했지요.

회색빛이 감도는 파란 두 눈동자가 퍽 인상적이었어요. 당신은 참 순수하고 맑은 사람 같았습니다.

약혼 비자를 받고 미국 땅을 밟았습니다. 드디어! 모든 것이 황금색처럼 눈부시게 보였어요. 하지만 제가 다시 눈을 떴을 땐, 온통 어둠 뿐이었습니다. 네, 기절해 버리고 말았지요. 차라리 그때 깨어나지 말 것을……. 스스로 제 목숨을 끊어보려고도 했지요. 그토록 지독하게 울어본 적이 있었을까요? 뼈 마디마디 핏줄 한 올 한 올 각인이 되네요.

조울증! 당신의 병명입니다. 떼구르르 굴러가는 하얀 약병. 퍽 낯익은 느낌이었어요. 바로 제 여동생이 십 년 넘게 먹고 있으니까요. 아, 정말 믿을 수가 없었습니다. 한국에 있을 때, 그 의사는 말했지요. 외국인이 겪는 단순한 스트레스일 뿐이라고요. 세상이 온통 거짓으로 뒤범벅이 된 것 같았습니다.

"난 괜찮을 거야. 제발 나와 결혼해 줘. 단란한 가정을 갖는 것이 내 꿈이야."

a dream, a dream……. 당신의 꿈은 소박하고 평범한가요? 아니면 욕심인가요? 누군가는 묻습니다. 자식에게 그 병이 유전되는 것이 두려워 그를 떠났냐고요. 차라리 입양을 해도 되지 않느냐고 물어보네요. 사랑의 힘으로 다 극복될 수 있다고 호되게 외치기도 하는군요.

여동생은 바다에 뛰어들기도 했지요. 왜 자기를 구해 주었냐고 악을 쓰고 울었습니다. 여동생은 가족을 다 해치겠다고 흉기를 품고 덤비기도 했어요. 자신이 왜 이렇게 되었냐고 넋을 놓고 울었습니다. 아버지는 고백하셨습니다. 차라리 내 손으로 하늘나라로 보내버리고 싶다고요. 아니면 먼저 이 세상을 떠나고 싶다고요. 전 제가 아버지처럼 될까봐 두려웠습니다. 가장 두려웠습니다. 아무리 신이 지켜주신다고 해도, 좋은 약이 있다고 해도, 사랑이 깊다고 해도 그 병은…… 모릅니다. 아무도! 남들이 지켜보는 것과 자신이 함께 사는 심정은 다르지요. 당신은 모릅니다. 진정.

다시 한국으로 어떻게 돌아왔는지 모르겠네요. 넋이 나간 채 비행기를 탔으니까요. 돌아온 제가 잠시라도 쉴 곳은 없었습니다. 가족마저도 절 외면해 버렸으니까요. 제 등을 힘껏 다시 한 번 떠밀어내는 세상! 절벽 아래로, 아래로 말입니다.

그때 절 꼭 붙잡아 준 이가 있었습니다. 바로 지금의 남편입니다.

"널 다시는 놓치지 않을 거야. 가슴에 널 품고 바라만 보던 내가 바보였어. 네가 돌아온 것은 하늘의 뜻이야. 널 내 인연으로 만들라는 뜻이야!"

남편의 가족은 심하게 반대했어요. 남편은 그럴수록 절 더 꼭 껴안아 주었어요. 그리고 혼자 결혼식 준비를 다 해 주었습니다. 그 사랑 안에서 두 아이의 엄마가 되었고, 새내기 글쟁이가 되었습니다.

'행복' 이란 두 글자를 떠올리게 되면 당신이 스쳐 지나갑니다.

"행복……한가요?"

죄책감, 당신의 사랑과 영혼을 저 멀리 내버리고 도망친 죄인입니다. 아, 죽기 전에 당신을 한 번만 만날 수 있을까요? 마지막으로 하고 싶은 말이 있습니다.

"부디 날 용서해 달라고……."

시간이 더 흐르면 당신의 기억이 지워질까요? 아련히 떠오르는 추억이 될까요? 이 글을 쓰면서 여전히 가슴 속에서 숨 막히는 고통이 느껴집니다. 수만 개의 바늘이 심장에 꽂혀서 몸서리를 칩니다. 아마도 평생 껴안고 가야 할 업이 될 테지요.

시간이 더 흐르면 당신의 기억이 지워질까요? 아련히 떠오르는 추억이 될까요? 이 글을 쓰면서 여전히 가슴 속에서 숨 막히는 고통이 느껴집니다. 수만 개의 바늘이 심장에 꽂혀서 몸서리를 칩니다. 아마도 평생 껴안고 가야 할 업이 될 테지요.

'모든 순간은 생애 단 한 번의 시간이며, 모든 만남은 생애 단 한 번의 인연입니다.' 법정 스님의 말씀입니다. 그 단 한 번의 인연 때문에 몹시도 원망을 했지요. 그 뿐인가요? 이 목숨을 내놓으려고까지 했으니까요. 허나 법정 스님의 말씀이 제 등을 탁! 탁! 두드립니다. 고정된 것은 없고 영원한 것도 없다고 하네요. 저마다의 삶이 당연한 것이 아니듯, 모든 것이 다 고마움을 나누기 위해 살아가고 있다고요.

그렇군요. 생각해 보면, 지금 제가 이렇게 글을 쓰는 것도 정말 고마울 따름입니다. 살아 있다는 것도 다시 소중하게 느껴지네요. 꿈을 향해 열심히 노력하는 모습도 기특하게 여겨지고요. 이 고마움을 나누고 살아가는 일도 참 따스하게 느껴집니다. 순간의 절망에 갇혀서 다 포기했다면 진정 몰랐을 테지요. 생애 단 한 번의 시간인데! 그 시간이 지금 또 흘러갑니다. 더 부지런히 살아가고 싶네요. 이제 삶은 제게 바가지 하나를 건네줍니다. 맑고 시원한 물, 한 바가지씩 떠서 함께 나누는 글을 써 보라고 하네요.

"넌 아름다운 산 같아. 꼭 글을 써야 해. 산에서 들려주는 이야기를 하나둘 엮어 나가면, 멋진 작품들로 태어날 거야."

제가 쓴 글을 읽고 당신이 한 말입니다. 美山, 직접 한자까지 써 가면서 말이지요. 당신이 진정코 제게 해 주려던 말이 이것이었나요? 이제서야 가슴을 울립니다.

전 당신에게 어떤 인연일까요? 여전히 깊은 상처로 자릴 잡고 있는 건 아닌지 두렵습니다. 당신이 한국에 돌아왔다는 소식을 들었습니다. 당신이 보낸 메일. 다시 만나고 싶다고 했지요. 차마 용기가 나지 않았어요. 솔직히 몹시 힘든 심정이었으니까요. 두렵고 고통스러웠습니다.

마지막으로 당신에게 보낸 메일이 떠오릅니다. 제가 했던 그 말을 기억하나요? 부디 당신의 마음 안에서 이제는 따스한 등불이 되었으면 하고 조심스럽게 빌어봅니다.

전 당신에게 어떤 인연일까요?
여전히 깊은 상처로 자릴 잡고
있는 건 아닌지 두렵습니다.

Wellington! 당신은 참 소중한 사람입니다. 美山은 비록 당신의 꿈을 함께 나눌 수 없어서 떠났지만 평생 당신의 행복을 비는 벗으로 남을 것입니다. 부디 당신의 삶이 많은 사람들과의 인연으로 따스하고 평화롭기를 간절히 빌어 봅니다.

제게 보여준 그리고 나누어 준 그 깊은 사랑에 고마움을 전하며…….

여정

조나단

운명의 만남이었다.
한 남자와 여자가 반평생을 비켜 살다가
느지막한 나이에 만났다.
많이 닮고, 많은 생각이 같은 두 사람의 만남을
어떻게 해석해야 할까?
전생에서 못 다한 사랑을 꽃 피우기 위해?

주택 담장에 흐드러지게 핀 능소화를 보며 차를 대놓고 S가 나오기를 기다리고 있었다. 6월의 태양이 강렬하게 내리쬐던 날이었다.

인연이었을까? S를 만난 것은 지방 모임에서였다. 아니 그녀와 가까워졌다고 하는 것이 바른 표현일 거다. 동호회 모임이 결성된 이후 월 1~2회 숱한 모임을 가졌건만 그녀가 내 눈에 꽂히게 된 것은 정말 인연이 아니면 설명하기 어려운 사실이었다.

인연이 만들어진 지방 모임은 유성 근처 계룡산이 보이는 아담한 펜션. 4월말인데도 계룡산의 밤은 쌀쌀했다. 토속 음식과 함께 이어진 모임 자리는 꽤나 거나했다. 마지막 3차 장소로 옮기는데 뒤에 서서 걸어가는 앙증맞은 S의 뒤태가 눈에 확 들어온다. 술이 어느 정도 들어가다 보니 기사도 정신이 나왔고, 웃옷을 벗어 S에게 입혔다. 반팔인 나는 덜덜 떨면서도….

숙소로 돌아와서도 다시 술자리가 이어졌고, 난 S의 옆자리에 앉아 그녀의 일거수일투족을 보기 시작하면서 취기가 극도로 몰려왔다. 어느 정도 정신이 들었을까. 그때 나는 나도 모르게 S쪽으로 몸이 기울어지고 있음을 느꼈다. 그리곤 다시 술 속으로 빠져 들어갔다.

마지막 술자리가 끝나자 회원들이 하나둘씩 빠져나가기 시작했다. 옆에 있던 C가 나가자는 것을 뿌리치고 비켜달라고 했다. 결국 S만 방에 혼자 남게 되었고, 난 뭔가 S에게 할 말이 있는데 나오질 않았다. 순간 S와 격렬한 키스가 이어졌다. 어디서 이런 용기가 나왔는지…. S는 반항하지 않았다. 그리고는 "난 당신과 오래 친구처럼 지내고 싶어요"라고 절규했다. 순간 정신이 확 들었다. 그렇지. 불장난의 결과는 언제나 뻔하다는 것을 S는 간파하고 나를 설득하고 있었다. 그리고는 어떻게 잤는지 모를 정도로 S의 옆방에서 다른 회원들과 엎어져 그렇게 잠들었다.

새벽에 잠이 깼지만 아직 정신이 얼얼했다. 새벽 공기를 마시러 숙소 인근에 있는 동산에 올랐다. 나지막한 동산에는 정자가 있었다. 그 정자 안에서 펜션을 내려다보며 목청이 터져라 소리를 질러댔다. 겉으로 나는 소리는 "야, 야, 야" 이었지만 그 속에는 S에 대한 말 할 수 없는 의미의 외침이 담겨있었다.

정자에 앉아 한참 동안 지난 저녁을 연상했다. 조금씩 기억이 났다. 내가 무슨 일을 한 거지. 순간 S가 어떻게 생각할 것인가에 대하여 상상의 나래를 펴기 시작했다. 내 도발적인 행동에 많이 당황하고 있을 S에 대한 생각이 미치자 갑자기 가슴이 답답해 왔다. 내 진심은 무엇이었나. 이 사태를 S에게 뭐라고 설명해야 하나. 평소부터 당신을 흠모해 왔노라고. 아니다. 그건 설득력이 없다. 당신이 맘에 들었노라고. 아니다 그건 더 상투적이다. 그런데 곰곰 생각하니 이건 완전 사고 아닌가? 도발적인 키스를 무어라 설명할 것인가? 여기까지 생각이 이르자 할 말이 없어졌다. 그러나 그 순간은 진심이었지 않은가? 애써 자위하며 동산을 내려왔다.

여정을 마치고 일행들과 작별을 고하는 시간. 일이 있어 먼저 출발해야 했다. 일행들과 작별인사를 나누는데 S도 손을 들어 작별인사를 했다. 저 여인의 가슴 속에는 무엇이 들어 있을까 궁금했다. 당신 속도 속이 아니겠지. 아니면 저놈이 도대체 무슨 심사로 자기에게 이러는 지에 대해 이리 생각하고 저리 생각하고 하겠지. 그런데 이상한 것이 단지 어젯밤과 오늘 아침의 그녀에 대한 감정일진데, 다시 말해 해프닝으로 생각해도 됐을 일인데 작별의 순간이 마치 연인을 두고 가는 심정처럼 가슴에 자극이 왔다. 순간 내 자신에게 소스라치게 놀라며 이 현상에 대해 해석을 하려 했지만 해석이 되질 않았다. 귀갓길 내내 S에 대한 생각이 떠나지 않았다. 이는 지금 생각하니 훗날 우리들의 긴 사랑 여정을 예고하는 것이었다.

다음날 회사에 출근해서도 S에 대한 생각이 떠나질 않았다. 용기를 내어 전화를 했다. 만났으면 한다고. S는 이유도 묻지 않고 그러마했고, K호텔 커피숍으로 약속 장소를 정했다.

막상 만나니 겸연쩍었다. 자리에 앉더니 S는 그날 밤 사건에 대해 해명하라고 했다. 만일 술기운으로 했다면 이해하겠지만, 그렇지 않으면 용서 못하겠다고 으름장을 놓는다. 속으로 큰일 났다 싶었다. 진심은 당신에 대한 연모였고, 그것을 알리기 위해 술기운을 빌린 것인데 어떻게 설명해야 할지 막막했다. 대충 술기운으로 치부하고 용서를 빌었다.

잠시 침묵이 흘렀다. 무서웠다. 당차지만 내심 많은 포용력을 지닌 이 여자에게 이런 모습도 있었구나. 이런 저런 이야기를 하다가 멋쩍어 자리를 정리하고 나오는데 S의 충격적인 발언.

"그래도 그날 밤 키스는 좋았어요……."

휘청거릴 뻔 했다. 전혀 예상치 못한 발언이 S의 입에서 나왔기 때문이다. 정리 멘트겠지 하며 애써 침착성을 유지한 채 커피숍을 나왔다. 안도의 한숨이 나왔다. 그래. 나이도 있고 이해심도 있고, 어느 정도 나에 대한 신뢰도 있었으니 망정이지 그렇지 않았다면 호되게 질책 받았을 터. 그런 넓은 마음을 가진 그녀가 다시 보였고, 존경심마저 우러나왔다. 생각보다 대범한 여자구나. 통도 크고. 이해심도 많고. 고마웠다. 한편으로는 뭔가 알 수 없는 매력이 흠씬 풍겼다. 나는 그녀에게 완전하게 압도당하고 있었다.

그렇게 K호텔 커피숍에서 헤어지고 사무실로 돌아왔지만 많

난 몰라.
당신이 어느새 내 가슴에 들어와 버렸어…

은 아쉬움이 남았다. S가 어떻게 나올지에 대해서 무척 긴장을 했던 탓일까. 홀가분한 마음이 오히려 이상했다. 그렇지 난 역시 일에 열중해야 하는 팔자지 하며 일에 온 힘을 쏟아 부었다.

다음날 S로부터 날라 온 문자. 그 문자 몇 줄이 내 인생의 터닝 포인트가 될 줄이야.

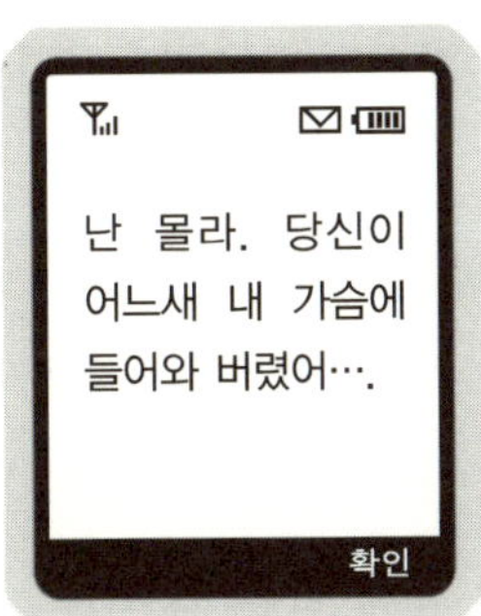

순간 숨이 탁 막힌다. 마치 올 것이 온 것처럼. 한참을 생각하다 답장을 보냈다. '당신 있는 곳으로 갈게.' 답장이 왔다. '괜

"그래도 그날 밤 키스는 좋았어요……."

찮아요. 참을 수 있어요.' '그래 그럼 잘 지내….' 역사가 시작되었다. 나이에 어울리지 않는 '사랑, 애정' 이런 단어들이 허공에 날아 다닌다. 가슴이 뛰고 갈피를 못 잡겠다. 밖으로 나갔다. 앞이 잘 보이지 않는다. 많은 생각에 시달리고 있었다.

그렇게 해서 시작된 S와의 사랑 여정. 일에 파묻혀 평소 같으면 갈 엄두도 못 내었던 소위 연인들의 행로가 시작된 것이다. 맛있다는 음식점, 좋다는 영화, 분위기 있는 카페를 비롯해 전국 방방곡곡 유명한 지역을 다 돌아다니면서 그녀와 나눈 지난 2년여의 여정. 지금도 헤어질 때면 나누는 가벼운 키스. 그리고 항상 시간이 부족해 안타까움에 잡고 놓지 못했던 그녀의 따뜻한 손. 그 손의 온기 속에는 그녀의 가슴이 있었고, 내게 전해오는 더할 수 없는 사랑이 자리 잡고 있었다.

운명의 만남이었다. 한 남자와 여자가 반평생을 비켜 살다가 느지막한 나이에 만났다. 많이 닮고, 많은 생각이 같은 두 사람의 만남을 어떻게 해석해야 할까? 전생에서 못 다한 사랑을 꽃피우기 위해? 아니면 정해진 팔자? 두 사람의 사랑은 누가 먼저라 할 것 없이 찾아왔고, 어려운 여건 속에서도 그 운명의 자리를 지키기 위해 부단히도 애쓰고 있다.

초저녁 동산에 외로이 서 있는 한 그루 소나무. 그 소나무 밑에 서 있는 외로운 한 쌍의 연인. 남은 인생의 벗이 되어 살고파 오늘도 애틋한 마음 가슴에 품고 그들만의 노래를 부르고 있다.

운명의 만남이었다. 한 남자와 여자가 반평생을 비켜 살다가 느지막한 나이에 만났다. 많이 닮고, 많은 생각이 같은 두 사람의 만남을 어떻게 해석해야 할까? 전생에서 못 다한 사랑을 꽃 피우기 위해? 아니면 정해진 팔자? 두 사람의 사랑은 누가 먼저라 할 것 없이 찾아왔고, 어려운 여건 속에서도 그 운명의 자리를 지키기 위해 부단히도 애쓰고 있다.

내 스무 살의 별을 빛내주는 한 사람

사수자리

그래도 그는 나보다 행복한 사람입니다.
그는 어디에 살든 누군가를 사랑할 수 있는 사람이라는 것,
내 스무 살 언저리를 기억해주는 타임캡슐로 남아
내 별을 빛나게 해주는 왕자로 살아가기 때문입니다.

그는,

나보다 나의 스무 살 무렵을 잘 기억해주는 한 사람입니다. 마치 내가 가졌던 순수함을 기억해주기 위해 가슴에 창고 하나를 더 지은 사람처럼 그와 나의 시간들을 간직한 채 군사정권 말기에 고국을 떠났습니다. 다른 남자의 체취를 풍기는 나에게 함께 떠날 수 없겠냐고 쓸쓸히 묻던 그였습니다. 그가 떠난 해 서울은 몇 십 년만의 추위가 찾아와 코트 하나로 겨울을 나기는 힘들었습니다. 코트 한 벌과 졸업장 하나로는 비정규 일자리도 얻기가 쉽지 않아 그에게 썼던 편지보다 더 많은 이력서를 써들고 다녔습니다. 물론 다른 나라에서 외국어로 다시 시작해야하는 공학도가 된 그보다야 어렵지는 않았겠지요.

민주화 운동이 서울을 흔들고 광주 민주화 운동으로 혼란에 빠진 세월을 겪도록 그는 소식이 없었습니다. 88올림픽이 한창일 때 혹시 하는 마음으로 그가 와서 머물만한 주변을 기웃거렸습니다. 그가 오지는 않았을까 그냥 막연한 기대를 품은 채였습니다. 한국이 소련과 수교를 맺던 해 그가 나를 찾았습니다. 그가 떠난 지 15년 만이었습니다. 군 제복을 입은 그 앞에 빨간 털모자를 쓰고 찢어진 청바지를 입고 첫 만남 자리에 나타났던 나의 스무 살을 간직하고 있다가 달려온 것입니다. 영화관에서는 '연인' 이 한참 주가를 올릴 때였지요. 우리는 만나자마자 서른 중반을 넘고 있는 서로의 나이를 확인하며 어이없어 했습니다. 그는 나를 찾아냈다며 즐거워했지만 갑작스러운 만남에 무엇을 어떻게 해야 할지 몰라 '연인' 영화를 보고 식사를 하며 오랫동안 만나 온 친구처럼 수다를 떨다가 강가에 앉아 우리 앞에 모여든 비둘기에게 이름을 지어주기도 했습니다.

그해 여름은 비가 자주 왔습니다. 소나기를 피한다며 우리는 강이 보이는 숙소로 손을 잡고 뛰어 들어갔습니다. 그곳에서 하루가 지나고 이틀, 사흘, 나흘, 닷새……. 우리는 영락없는 가출 남녀였습니다. 애틋함이야 말로 할 수 없었지만, 아내와 아이들을 데리고 아버지의 고국을 알려주겠다고 나온 그를 더 이상 붙잡아 둘 수는 없었습니다.

"나를 버린 네가 불행해져 나를 찾았으면 좋겠다는 생각은 막연히 해보았지만 진짜 그렇다니 왜 내가 억울한 마음이 드는지 모르겠다. 몇 년 만 기다려. 내가 데려갈 테니……."

그는 내 처지를 안타깝게 생각했는지 자기가 사는 하이델베르그로 데리고 가겠다는 약속을 하며 눈물지었습니다. 레카 강가의 아름다운 성과 불꽃놀이를 볼 수 있다고 했습니다. 그는 공항에서 다시 전화를 걸어 '꼭 기다려달라' 는 말을 남기고 떠나갔습니다.

그러나 자주 걸던 전화도, 편지도 점점 뜸해지다가 그는 풍랑에 휩쓸려 행방불명된 사람처럼, 이렇다 할 언질도 없이 편지도, 전화도 끊었습니다. 때로 집으로 돌아오던 시간 그와 통화를 했던 공중전화 앞에서 망설이기도 했습니다. 나는 창씨 개명한 그의 성 '어부' 를 기억하며 씁쓸하게 웃고 잊기로 했습니다.

고래도, 상어도 잠수하면 보이지 않는 바다는 얼마나 깊은 곳이었을까요. 바다 속 깊이 가라앉은 시간들은 가오리처럼 또 다른 삶의 형태를 이루어 살아갑니다. 자기를 잊지 말라며 보내준 사진도 어딘가에 처박혔고 보고 싶다는 말이 있었던가 싶게 감정은 아득히 멀어졌습니다.

하지만 그는 다시 15년의 침묵을 뚫고 기억의 실체를 찾아 먼 길을 돌아왔습니다.

"보고 싶었어."

"잊지 않고 찾아주어 고마워."

이제 원망을 하기에는 너무 늦었습니다. 조금 미안한 듯, 쑥스러운 듯 엉뚱한 이야기를 하며 바라보다가 악수를 했습니다. 삼십대의 청청함도 사십대의 격정도 사라진 오십대에 그는 나타났습니다. 어디로 갈까 묻지도 않았습니다. 약속이나 한 듯 15년 전 머물렀던 그 숙소로 걸었습니다. 어디선가 비둘기 떼가 몰려들었지만 우리는 비둘기에게 말을 걸지도 이름을 불러주지도 않았습니다. 밤새워 이야기를 나눕니다. 15년 동안 압박되어 제대로 풀려지지 않는 말들이 헛도는 바퀴가 되어 맥이 빠집니다. 세계적으로 몰아치고 있는 경제난을 이야기하고 은퇴 준비를 말하는 그 앞에 "왜 연락을 끊었지?"라든가

"말해줄 수 있어? 진짜 마음을 알고 싶어"라는 말은 꺼내지도 못했습니다.

우리는 이제 더 이상 미래를 이야기 하지 않았습니다. 자식을

나누어 가진 사이도 아니기에 밀담을 나누는 우리의 모양새는 라면땅이나 단팥빵, 쥐포 같은 불량과자 세트일 뿐입니다. 옛날 것을 뒤적거리며 비닐봉지에 담긴 가짜 주스 설탕물을 빨아먹듯 많지 않은 추억을 달게 나누어 먹습니다. 초라한 좌판을 벌여놓고도 우리는 흥미진진합니다. 많지도 않은 일들을 처음 하는 것처럼, 처음 듣는 것처럼 주고받으며 능청떠는 우리는 오직 서로에 대한 마음이 어땠는지를 찾아내느라 열중할 뿐입니다. 내가 다니던 대학교 앞의 다방이나 대여섯 명 몰려다니던 소녀티도 못 벗은 친구들, 그와 내가 주고받았던 편지들, 그가 복무하던 군부대 근방의 찻집, 상병이었을 때, 병장이었을 때 그의 귀대를 배웅하던 버스 종점, 내 어머니의 퉁명스럽고 경계심 많던 전화 응대까지 기억합니다. 부대 앞에서 차가 끊겼을 때 아는 집에 나를 맡기고 그냥 귀대한 일을 두고두고 '바보야 바보'라며 후회하는 그는 항상 결정적일 때 머뭇거리기만 하는 자신을 한탄합니다. 나 역시 내 삶의 전형일 수밖에 없는 '속말을 한번도 시원하게 털어놓지 못하는 미련 곰탱이' 인 자신을 질책할 뿐입니다.

우리는 단 하루 머물고 헤어졌습니다. "오늘 꼭 가야되니?" 서로 묻지 않습니다. 차를 기다리던 그가 "넌 왜 그때 나에게 마음을 안 주었니?" 마지막으로 물었습니다. 대답도 하지 못한 채 그를 보내고 나니 눈물이 왈칵 쏟아집니다. 그는 왜 그 먼 길을 돌아 굳이 찾아와서까지 자존심을 세우고 갔을까. 자기 없이도 잘 살고 있을까 확인하러 온 것인지……. 나는 또 왜 남의 다리 긁적이는 소리만 해대다가 말았는지…….

"그 때 나를 데리고 간다는 약속은 복수였어?" 묻지 못했습니다.

거리를 밝히고 있는 크리스마스트리 불빛이 내 눈물과 함께 툭툭 떨어집니다. 그는 약속도 없이 떠나갔습니다. 마음이 아픕니다. 상실감이 그를 자폐증을 앓도록 만들었나 봅니다. 나의 스무 살 무렵을 기억하는 혼자만의 놀이에 갇혀 나오려하지 않는 그를 볼 때마다 치유되지 않는 깊은 외로움을 봅니다.

그래도 그는 나보다 행복한 사람입니다. 그는 어디에 살든 누군가를 사랑할 수 있는 사람이라는 것, 내 스무 살 언저리를 기억해주는 타임캡슐로 남아 내 별을 빛나게 해주는 왕자로 살아가기 때문입니다.

마음이 아픕니다.

구월의 노래

데미안

나에게는 오래된 그리운 호칭 하나가 있습니다.
"누-나!" 가만히 불러보면 싱그러운
밀감의 과즙처럼 누나의 모든 것 들이 입안에 가득해집니다.
'누나', 그 어떤 단어보다 '사랑'의 동의어로
함께합니다.

나에게는 오래된 그리운 호칭 하나가 있습니다. '누-나' 입니다.

최근 영화화된 독일 소설 『더 리더-책을 읽어주는 남자』의 주인공 소년과 나를 자리바꿈하여 안개 저편으로부터 떠올려 봅니다. 우연히 들춘 옛 시집 갈피 속에 눌려진 분홍 꽃처럼, 때론 색 바랜 흑백사진처럼.

"누-나!" 가만히 불러보면 싱그러운 밀감의 과즙처럼 누나의 모든 것들이 입안에 가득해집니다. '누나', 그 어떤 단어보다 '사랑'의 동의어로 함께합니다. 저한테만은 누나로 불러주길 원하였지요. '누님'이라고 하면 어쩐지 멀고 징그럽다며 저어했지만, 사실은 당신이 온전히 갖지 못한 가족 구성원에 나를 넣고 싶었는지도 모릅니다. 다시 그 시절에 어리광부리듯 한 작은 목소리로 불러 봅니다.

나를 처음으로 사내로 만들어준 누나. 갓 상경한 촌뜨기 대학 초년생에서 청년으로 거듭나게 해준 누나. 지금도 긴 머릿결에서는 여전히 귤 냄새가 나겠지요. 사랑에 어떤 향을 넣는다면 그것은 누나의 머리카락 한 올 한 올에서 풀려나오는 향기일 겁니다. 누나의 넓은 스커트는 따스한 방석이었고, 뒤에서 포근히 안아 주면서 나의 얼굴에 그 긴 머리 결로 그물 치듯 가렸던 날들을 떠올립니다. 학생 얼굴이 햇볕에 타면 나이 들어 보인다며 손바닥으로 가려주다가, 가는 댓살 발처럼 머리 단을 풀어내리니 마치 귀신놀이를 하는 것 같았어요. 눈을 살포시 뜨면 머리카락 사이로 햇살은 부서지고 시간은 둘만의 것으로 멈추었답니다. 나의 뒷머리를 볼록한 누나의 가슴사이에 묻히게 한 채 하염없이 패티킴의 '구월의 노래'를 허밍 하는 울림은 온몸에 쟁쟁히 전해오곤 했지요.

'남겨준 한마디가 또 다시 생각나 / 그리움에 젖어도, 젖어도. 젖어~도'.

노래 어디쯤에서는 비어홀의 레코드가 늘 헛돌았기에 누나도 그렇게 흉내를 내면 웃음을 참지 못한 나는 번번히 누나의 새끼손가락을 깨물었고요. 또한 우리의 발바닥 넷은 서로 길거니 짧거니 하며 미닫이 문지방에 걸쳐지면 겨울 햇빛은 둘만의 발끝을 간지럼 태우며 지나갔지요. 그 모든 것들이 아주 오래 전부터 해온 듯하고, 석고상처럼 영원히 이대로 정지해버리면 좋겠다는 바람을 서로의 귓속에 불어 넣어주었지요.

그렇게 세상에서 가장 편한 자세로 해바라기를 했던 그해 겨울은 참으로 따뜻했습니다. 아니 그 거리는 지독히도 춥고 쓰레기는 바람에 휘몰아치고 동동거리는 통금직전의 삶이라 모두가 을씨년스러웠습니다. 하지만 우리끼리 함께 해온 작은 공간은 포근하기만 했답니다. 아르바이트를 했던 나무계단의 을지로 비어홀, 그리고 그 앞에 순두부 포장마차, 대폿집과 건자재 판매상 골목 안의 지린 냄새, 모두 궁핍하고 찌든 도회지 구석이었어요. 웨이터나 초보여급과 주방보조들은 술집옥상에 합숙소 같은 데서 임시로 포개 자야만 했고, 팁이 두둑한 밴드들은 근처 여인숙으로, 누나는 해방촌 집으로 택시 잡느라 늘 서둘렀지요. 나는 그래도 가진 몫 돈에 경리 쪽이라 여유있게 얻은 도심지 월세 방 삼층은 앞이 트여 햇살이 깊게 들어왔어요. 난방조차 없는 두 장 다다미방이지만 문을 열면 세운상가 옆으로 남산이 저만치 보이고, 휴일 날 옥상에 빨래가 널리기 시작하면 우리의 사랑 놀음은 겨울 햇살에 따라 만화경처럼 만들어나갔어요.

누나는 나의 귓바퀴에 난 솜털 하나하나를 뽑아 민들레 홀씨처럼 햇살 속으로 불어 날리고, 나는 그때마다 따갑다고 과장된 몸짓으로 도리질하면서 서로 간지럼을 태우던 날들을 잊지 못합니다. 굽혀진 머리핀으로 귀지도 파내며, 한 올 뽑을 때마다 내 이마에 입을 맞추던 그 부드러운 감촉은 가슴 깊은 곳까지 세포가 분열하듯 스며들어 때때로 잊기 힘든 시절도 있었어요. 세월 덧없듯 추억 속에서나마 제 영혼까지 물들인 그 흔적들이 천일야화로 펼쳐지네요.

그러다가 혼자 있는 어떤 날에는 해야 할 공부는 미룬 채, 홀어머니의 살림살이 걱정부터 사춘기 시절의 그녀에게도 큰 죄를 지고 있다는 걷잡을 수 없는 회한과 갈등으로 괴로웠지만 그럴수록 더욱 더 누나를 찾곤 했었지요. 누나 또한 휴학생으로 낮에 미군 군속 근무와 술집 웨이트리스 생활에서 벗어나려는 도피였을까요. 야밤에 남산 눈길에서 미끄럼타기, 전쟁 통을 겪은 비운의 가족사는 비슷하여 포장마차 술잔에 떨어지는 한숨과 눈물, 추운 조조할인 극장 안의 발밑에 쥐 소동 등…. 그러다 폭설이 내린 어느 날 나의 옥탑 방에서 촛불을 켠 채 통금 해제의 새벽을 기다렸지요. 이제는 모두 다 순정만화의 연속장면처럼 그려집니다.

사십여 년이 지났지만 제 손등에 난 털 한 올마다 누나의 입술 감촉이 배어 있는 듯해요. 때의 누나가 했던 것처럼 나 혼자서 시늉을 해볼라 치면 저만치 어디선가 정다운 눈빛으로 보고 있는 것 같아요. 다른 애들에 비해 흰 피부에 유난히 털이 많아 '흰 원숭이과' 란 별명도 있었던 나에게 그 또한 자신감 있는 남성성으로 만들어 기를 살려주었지요. 한 뼘의 겨울 햇볕이 앞집 지붕에 남아있을 때, 누나는 촉촉한 입술로 팔베개를 한 반대쪽 손등에 털들을 눕혀가며 물결 그림을 그리곤 했어요.

'남자는 강한 면만을 내세우지 말고 작은 새를 품듯 자상하게 사랑해라.' '영어회화는 삶에 필수이니 이런 데 다니지 말고 학원부터 다녀봐라.' '무슨 일이 있어도 아침 식사 만큼은 거르지 마라.' 이렇게 누나의 사랑학과 인생지침은 그침이 없었지요. 그때마다 누나의 무릎에 누운 어린애가 되기도 하고, 때론 큰 오라비처럼 굵은 목소리를 깔며 누나의 이중생활을 탓하면 눈을 흘겼고요. 잔털까지 눕힌 누나의 침이 마르면서 야릇한 냄새가 났지만 그 또한 낮잠에 들게 하는 사랑의 묘약이었나 봅니다. 혼곤한 잠에서 깨어나 보면 어느새 미제 손톱깎이로 발톱까지 정리되어 있었어요. 그런 오후는 배가 고팠지만, 왠지 민망하고 부끄러워 서로의 머리를 곱게 빗어주곤 했지요. 그러다가 다시 갈래머리로 따보기도 하는 등 어린 남매처럼 장난을 하다 보면 석유난로에 얹힌 라면 냄비는 넘쳐버렸지요. 비어홀 주방에서 몰래 가져온 단무지를 반쪽으로 딱 나누는 누나의 고른 치열을 아직도 기억한답니다.

제각기 다음날 할 일들을 미루기엔 겨울 해는 짧기만 했지만, 세상물정에 어둡던 나는 그 겨울이 한없이 계속될 줄 알았어요. 꿈꾸듯 사랑에 취한 나에 비해 누나는 이미 세상을 읽어가고 있었나 봅니다. 서너 살 연상의 여자 나이가 나보다 그토록 웅숭깊은 마음눈이 있었다는 것을 이 나이에 와서야 느끼게 됩니다. 회상의 그림자는 겨울 해를 넘길수록 켜켜이 더 쌓이더군요.

술집의 대학생 경리와 왕언니 호스티스의 그해 겨울 사랑은 이듬해 꽃샘추위가 오자 유행가처럼 끝났지요. 비어홀의 주인이 바뀌자 현실의 사회는 모두들 새 둥지를 찾아야하는 철새가 되었으니-. 나는 학교 연구실에서 숙식을 해결하는 생활로, 해외를 꿈꾸던 누나는 역시 홀연히 미국으로 가버렸더군요. 항공봉투 속에 한 학기 등록금과 짧은 편지만 전달해준 채. 언젠가 바람결에 누나가 미국에 잘 계시다는 이야기를 들었습니다. 그래도 저는 미국에 가보는 것을 주저하게 됩니다. 지금쯤 누나는 미국 손녀의 노랑머리를 땋아주고 있을지도 모르겠습니다. 저

역시 성깃해진 흰 머리카락을 이제 베토벤처럼 길러 파마를 해 볼까 합니다.

다시 한 번 '누나' 하며 속으로 또 불러봅니다. 누나~! 그런 곳의 만남에 격정의 한철 사랑이었다 해도 그해 겨울의 추억은 고운 종이에 접어 날려 보냅니다. 누나와의 회상은 추억으로만 간직할 때만이 아름다울 테니까요. 그래도 해마다 구월이 오면 그 노래가 떠오르고, 그런 날이면 술자리 뒤풀이에서 마이크를 들고 그때로 돌아간 듯 취중이나마 한껏 감정에 취해봅니다.

'구월이 오는 소리 다시 들으면' / ~ / 그리움에 젖어도 낙엽은 지고~/

사랑을 할 때면 그 누구라도 / 쓸쓸한 거리에서 만나고 싶은 가~

회상은 추억으로만 간직할 때만이
아름다울 테니까요.

한밤이여, 안녕

쓰르라미

새벽녘, 눈을 떠보니 두툼한 솜이불이 목까지 덮여 있었다.
단칸방, 두리번거리다 보니 이불 끝 귀퉁이에 불룩한 게 눈에 잡혔다.
그녀는 새끼 짐승처럼 웅크리고 모로 누워 있었다.
기척에 그녀는 이불 귀퉁이를 걷고 얼굴을 내밀며 몸을 일으켰다.
나직이 중얼거렸다. 하지만 혼잣말로 우물거려서
무슨 말인지 알아들을 수가 없었다.

그녀는 늘 두어 발짝 뒤에 있었다. 길을 걸을 때나 앉아 있을 때도 마찬가지였다. 그래서 뒷모습을 보기가 쉽지 않았다. 멀다 싶은 길을 걸어야 할 때 버스나 택시를 타자고 해도 고개만 저을 뿐, 한사코 뒤에서 걷기를 원했다. 뒷모습을 보이고 싶지 않았을 게다. 그건 부끄러움과 열패감이 뒤섞인 감정이었는지도 모른다.

묻는 말에 겨우 '예, 아니오.' 뿐, 입을 잘 열지 않았다. 하지만 대답은 필요 이상으로 길게 편지로 보내오곤 했다. 왜 다리를 다치게 되었는지도 글을 통해 알게 되었다. 우연히 들여다 본 그녀의 두툼한 수첩에는 깨알 같은 글씨가 빼곡히 들어차 있었다. 그 수첩을 옆구리에 늘 끼고 다녔다.

고개 숙이고 있어 더 작아 보이는 키, 눈물을 머금은 그렁한 눈, 말없이 다문 입술, 한 걸음 뗄 때마다 한쪽으로 기울어지며 절룩거리는 음울한 걸음걸이, 등판까지 내려온 긴 머리카락, 절룩거림과 머리카락의 출렁거림은 한데 어울려 슬픔덩이처럼 보였다.

첫 만남은 글 때문이었다. 그 시절, 잡지에 글이 게재되면서 필자와 독자 사이로 오간 편지가 만남의 시작이었다. 서로 개인 정보는 전혀 모르는 상태에서 한동안 편지로만 오가다가 보기로 하였다. 만나기로 한 장소에서 30여 분이나 지나도 나타나지 않았다. 뜻밖에도 건너편 자리에서 서로 등지고 앉아 있었다. 찻집엔 두 사람뿐이어서 그때야 비로소 알아차렸다. 처음 얼굴을 맞

댄 순간, 그동안 상상했던 사람들이 아니었다. 글과 사람이 사뭇 달랐던 모양이었다. 그녀는 나보다 두 살 아래였다.

그 무렵 난 공교롭게도 실연失戀의 늪에 빠져 있었다. 하여 그 겨울, 생을 추스르기 위해 스스로 폐쇄하기로 작정했다. 혼자 있고 싶었다. 그런데 그녀가 내 마음을 어찌 알아챘는지 거처를 마련해 두었다는 것이었다. 조그마한 암자庵子였다. 눈발이 흩날리던 날, 몇 가지 소지품을 챙겨 들고 난 산길을 걷고 있었다.

암자에서 이틀째 되던 날 해거름 무렵, 설해목 넘어지는 소리가 간간히 들려와 방문을 열어놓고 그 소리에 귀를 기울이고 있는데, 눈 쌓인 산자락에서 암자로 오르는 사람이 눈에 띄었다. 그녀였다. 겉옷을 걸치고 뜰에서 기다렸다. 암자에 오른 그녀는 얼굴이 상기된 채 숨을 헐떡였다. 툇마루에 앉아 몇 마디 안부를 주고받다가 다시 말이 끊겼다. 멀고 가까운 곳에서 설해목 넘어지는 소리가 연방 들려왔다. 얼마 후 그녀는 일어섰다. 다시 되짚어 내려가기 시작했다. 절룩거리는 뒷모습이 산자락 모롱이를 휘돌아 보이지 않을 때까지 바라보고 있었다. 그곳에서 십여 일 지내다가 하산하여 난 다시 생을 꾸리기 시작했다.

이듬해 이른 봄, 대학을 졸업한 후 징집 통지서를 받고 군에 입대했다. 자대 배치 후 얼마쯤 지난 무렵, 면회를 온 사람이 있었다. 그녀였다. 강원도까지 불편한 다리를 끌고 먼 길을 찾아온 것이다. 주소를 어찌 알았느냐 물었지만 희미하게 미소만 지을 뿐이었다. 옆구리에는 예의 그 메모 수첩과 또 다른 책이 한

권 끼어 있었다. 식당에 들러 음식을 주문하고 앉아있는데 탁자 위로 책을 슬며시 내게 밀었다. '저편의 심연' 이라는 외국 작가의 소설책이었다.

짧은 만남, 그녀는 다시 먼 길을 되돌아가야 했다. 버스 터미널을 향해 절름거리며 걸어가는 뒷모습만 남기고 그렇게 그녀는 또 되돌아갔다. 명치끝이 잠시 얼얼했지만 곧 무덤덤해졌다. 늘 바지만 입고 있어 그녀의 가늘고 짧은 한쪽 다리가 지니고 있을 슬픔에 중독된 탓이었을 게다.

군대에서 제대하던 날, 도착한 기차역 밖에 그녀가 뜻밖에 서 있었다. 하늘에선 눈발이 날리고 있었는데 그녀의 어깨와 머리 위에는 눈이 소복이 쌓여 있었다. 긴 생머리에 절룩거리는 모습 그대로였다. 오늘을 또 어찌 알았느냐고 물으니 여전히 말없이 미소만 지을 뿐이었다. 그리고 나지막이 입을 떼었다. 오늘은 저녁을 준비하였다며 앞장서서 걸었다. 그날따라 내 의사는 들으려고 하지 않았다. 처음으로 그녀가 앞장을 서고 나는 뒤를 따랐다. 북적대는 큰길보다는 인적이 뜸한 골목길을 택하여 걸었다. 그녀의 뒷모습을 자세히 본 게 그날이 처음이었다. 그녀의 발걸음은 더 가벼워 보였다. 그녀의 거처는 긴 골목을 지나 외진 곳에 있는 오래된 한옥 문간방이었다.

방안이 낯설었으나 정돈되고 깔끔했다. 방안엔 상보에 덮인 밥상이 눈에 띄었다. 데운 찌개를 놓기 위해 상보를 걷자 여러 가지 반찬이 놓여 있었다. 이틀 걸려 만들었다고, 묻지도 않았는데 뜻밖에도 그녀의 목소리는 들떠 있었다. 얼굴은 생기가 돌았고 몸짓은 경쾌했다. 그날 밤, 서로 말을 제일 많이 한 날이었을 게다. 그러나, 만난 이후 그때까지 그녀는 한 번도 자신의 감정을 드러내 본 적이 없었다. 나 또한 마찬가지였다. 배도 고프고 군대 생활을 마감했다는 홀가분함 때문이었는지 상 밑에 놓인 술병 주전자를 끌어다 독작으로 홀짝거렸다. 그리고 난 그만 취해 그대로 누워 깊은 잠에 빠져들고 말았다.

새벽녘, 눈을 떠보니 두툼한 솜이불이 목까지 덮여 있었다. 단칸방, 두리번거리다 보니 이불 끝 귀퉁이에 불룩한 게 눈에 잡혔다. 그녀는 새끼 짐승처럼 웅크리고 모로 누워 있었다. 기척에 그녀는 이불 귀퉁이를 걷고 얼굴을 내밀며 몸을 일으켰다. 나직이 중얼거렸다. 하지만 혼잣말로 우물거려서 무슨 말인지 알아들을 수가 없었다.

그 눈빛, 깊은 밤을 뜬 눈으로 새웠으리라는 생각이 들었다. 방문을 열고 밖으로 나오니 마당엔 순백의 눈이 시나브로 쌓여 있었다. 말없이 골목을 걸어 나오다 뒤를 돌아보았다. 그것으로 고마움과 인사를 대신할 참이었다. 하지만 대문간에 서 있는 그녀는 고개를 숙이고 땅에 쌓인 눈을 바라보고 있을 뿐이었다. 추운지 목을 잔뜩 웅크린 채. 골목길에 쌓인 새벽 눈을 밟는 내 발걸음 소리가 새삼 크게 들려왔다. 그 발걸음 소리가 앙가슴으로 파고들어 핏속으로 짜르르 흘러들었다.

그 한밤 이후, 차츰 미묘한 감정이 똬리를 틀기 시작했다. 그녀에게서 동질감이 느껴지기 시작했던 것이다. 그러나 그녀가 눈물을 흘리거나 걷다 주저앉았을 때 눈물을 닦아주거나 안아 일으켜 세워주질 못했다. 생각 끝에 그녀를 더는 만나지 않기로 작정했다. 그건 그녀의 의사를 묻지 않은 내 일방적인 판단이자 통보였다. 연민이었다. 연민은 마음일 터, 연민에 의해 마음이 묶인다면 내 자신이 그녀에게 무슨 도움이 되겠는가. 결국 그 연민이 살얼음 같은 그녀의 생을 망가뜨릴 수도 있으리라는 생각이 들었다.

그리고 안녕!

세월은 흘러 30여 년이 바람처럼 지나갔다. 그동안 두어 번 근황을 바람결에 우연히 들을 수 있었다. 그 세월, 난 무탈하게 아침을 덤덤히 맞이하고 목구멍으로 다순 밥을 넘기며, 일상의 표피에서 숨 쉬고 다리가 아프면 의자에 앉는 일상을 스스럼없이 살아왔다. 하나 그렇다고 어찌 그녀의 존재에 대해 '망각妄覺'이라고 말할 수 있으랴. 스며든 흔적, 이는 일상에 가려진 흉터로 가슴 저편에 가라앉아 있거나 숨어있을 뿐이다. 단지 무심하게 흘러가는 세월 속에서 그 흉터를 애써 외면하였을 뿐이다.

그리고 안녕!

찔레꽃

실루엣

닳은 손톱을 들여다봅니다.
매니큐어가 얼룩얼룩 죽어있습니다.
조붓하게 길었던 연붉은 손톱이……

오월이 갑니다. 어디선가 찔레향이 날아옵니다. 이런 날은 새 풀잎 나면 병 도지는 환자처럼 눈앞에 흐드러져 내리는 꽃잎에 숨이 막혀옵니다. 골목 울타리 가에 찔레가 있었습니다. 찔레나무 밑에는 돌무더기가 말소드레기처럼 수북했습니다. 마땅히 버릴 데가 없는 돌멩이들은 그리로 던졌습니다. 거울이 깨지거나 사발, 옹기가 깨지면 쓸어다 그리로 던졌습니다. 무더기 진 돌들 사이로 사금파리 유리조각들도 반짝거렸습니다.

음력 이월 초하루 바람 올리는 날, 어머니는 손대 세우고 오색의 꽃을 달아 비손을 올렸습니다. 영등 할매 바람 타고 하늘로 가고 나면 색 헝겊 떼어다가 그 찔레나무에 달았습니다. 빨강 노랑 파랑 하양 주황 초록 보라, 한 묶음의 원색 언어는 '함부로' 라는 이름표 같은 표정으로 찔레나무 꼭대기에 달려 있었습니다. 바람이 불면 색색이 날리며 팔랑개비처럼 돌다가 바람이 잠잠해지면서는 이슬, 비, 달빛에 젖어 서서히 찔레 덤불 속으로 사라지거나 했습니다.

그렇게 한 해가 가고 봄이 다시 오면 찔레는 돌무더기를 뚫고 새순을 뽑아 올렸습니다. 돌무지가 쌓일수록 더 통통하게 올라와서 찔레는 덤불에 가지를 더했습니다. 소꿉놀이를 하면서 찔레 순 먹는 걸 배웠습니다. 그 때는 맛도 모르고 먹었지요. 재미로 먹고, 나물 캐러 다니다가 목이 말라 먹고, 조금씩 쑥스러워지는 때에도 가방 들고 오가며 먹었습니다. 그냥 심심해서 먹었습니다.

이제 여자는 가시가 적당히 쇠어 생활의 여자가 되었습니다. 왼손에 호미 두 자루, 바른손은 들통을 들었습니다. 호박구덕에 넣고 남은 퇴비가 무겁습니다. 거름 묻은 장갑이 수갑이 되어 있습니다. 밭 언덕을 오르내리는 좁은 길가에 찔레 덤불이 있습니다. 손이 빈 남자가 통통한 찔레 순을 한 줌 따옵니다. 잎을 훑고 껍질을 잘 벗겨 여자 입에 쏙 넣어줍니다. 자기 입에도 넣습니다. '참 달다' 둘이 마주보며 웃습니다. 두 번째는 대충 벗겨줍니다. 시금떨떨합니다. 세 번째는 껍질이 반도 더 붙어있습니다. 떫습니다. 네 번째는 잎만 떼고 건네줍니다. 왜 그렇게 성의 없이 주느냐고 여자가 묻습니다. 대답도 안 합니다. 남자는 가시도 먹어 버릇해야 한다면서 보란 듯이 껍질도 가시도 있는 채로 질겅질겅 먹습니다. 그러는 남자를 여자가 낙화를 보듯 바라봅니다. 여자는 가시가 싫습니다. 손에 들었던 것을 놓고 장갑을 벗습니다. 졸졸 벗겨 살강거리며 먹습니다. 달시금한 맛입니다. 순은 끝으로 갈수록 잘 안 벗겨집니다. 그래, 이 연한 순이 쇠면 찔레나무가 되는 거지. 찔렌들 마냥 연할 수만은 없지. 시간이란 핵이 체내에 쌓이면 자신도 모르는 사이에 돌처럼 굳어져 언젠가는 가시가 되기 십상이지. 우리는 부드러움을 상실하고도 기억은 늘 봄바람에 안주하고 싶어 하는 건 아닌가? 그렇게 변하여 야문 가시가 되어도 스스로 자각증세를 못 느끼는 불감증일지 몰라. 남자는 아랑곳없이 걸어갑니다. 뒤처진 여자의 눈에 저만치 가고 있는 남자의 등이 퍽이나 낯설어 보입니다.

닳은 손톱을 들여다봅니다. 매니큐어가 얼룩얼룩 죽어있습니다. 조붓하게 길었던 연붉은 손톱이……. 불현듯 봉선화가 떠올랐습니다. 그것은 이유 없이 다가오는 그리운 얼굴이었습니다. 아무리 깎아내도 그 너머에 그대로 떠 있는 반달 같은 것입니다. 그녀는 하늘색 시폰 원피스를 입고 하얀 장갑을 끼고 연한 진달래무늬가 돌아가는 파라솔을 들었습니다. 찔레보다 꽃이 맛있다고 그가 꽃덤불로 데려갑니다. 아, 찔레꽃. 초록이파리들이 꽃을 받치고 숨죽이고 있습니다. 꿀벌들이 윙윙 사랑의 세레나데를 부릅니다. 가운데는 샛노란 꽃술이 분분하고 분홍색 바이어스가 꽃잎을 은은히 베어 물었습니다. 흰 손으로 꽃을 따서 그녀 입에 살금 넣어 줍니다. 그는 한 잎을 먹고 그녀 입에는 두 잎을 넣어 주었습니다. 분홍빛이 바라면 맛이 없어진다고, 흰 꽃은 따지 않습니다. 막 벙그는, 연분홍 꽃만 자꾸 따줍니다. 처음으로, 그녀는 가슴에 번지는 전설의 색깔을 알았습니다.

우리는 부드러움을 상실하고도 기억은 늘 봄바람에 안주하고 싶어 하는 건 아닌가?

'참 향기롭다' 먹을수록 새록새록 향이 납니다. 온몸에 연보라 향이 스며듭니다. 눈을 감습니다. 꿈속 같은 파라솔을 돌립니다. 꽃잎이 구름송이처럼 날아갑니다. 어느 것은 저 아득한 곳으로 날아가고, 뭉쳤다 풀어지다 하면서 황홀한 향흠이 온 몸을 휘감아 온 천지를 가득 메웁니다. 연분홍이 연보라를 물고 마구 혼절하며 섞여 돌아갑니다.

가시가 와서 찌르지는 않습니다. 내가 가서 찔리는 거지요. 상처를 입으면서도 그걸 모르는 몽상가를 위해 일찍이 어머니는 찔레 덤불에 색이 고운 헝겊을 달았겠지요. 이제야 알겠습니다. 찔레 맛을 알아가는 것은 야물어지는 과정입니다. '함부로' 꽃을 따먹지 않으려는 다짐일 것입니다. 가시에 찔려가며 여자는 오늘도 찔레를 땁니다. 저녁 안개 같은 찔레꽃 향이 자꾸 덤불져 내리는 허리를 추스릅니다, 하늘엔 스무 사흘 낮달이 가고 있습니다.

가시가 와서 찌르지는 않습니다.

내가 가서 찔리는 거지요.

갑사로 가는 길

가을동화

우리가 힘들게 올랐던 '갑사로 가는 길'은 우리 아름다운 젊은 날의 정점이었으며, 후반부 내 인생을 암시하는 길이었는지도 모릅니다.
뼈에 사무치는 외로움을 가져 보지 못한 사람은 좋은 글을 쓰지 못한다고 했나요.
낙엽 지는 쓸쓸한 가을이 되면 한번 떠나보렵니다.
계룡산의 깊고 그윽한 고찰, 갑사로.

입추입니다. 가을 내음을 묻힌 바람이 어디선가 불어옵니다. 이렇게 가을이 되면 불현 듯 떠난 것들, 떠나는 것들을 다소곳이 배웅하고 싶어집니다. 차표를 끊어 하나하나 추억들을 곱게 포장해서 떠나는 기차에 태워 보내고 싶습니다.

빛나고 아름답던 학창시절이었습니다. 항시 내 곁에는 그 누군가 있었기 때문이지요. 캠퍼스에는 적지 않은 여학생들과 그보다 훨씬 많은 남학생들의 활기찬 삶으로 물결쳤습니다. 그 많은 사람들 속에 그대가 있었습니다. 대학 2학년 때였지요.

그대는 단연 돋보였습니다. 명석하고 세련된 여학생들이 많은 학과에서도, 주위 선배들에게도 관심의 대상이었지요. 특히나 학과행사나 서클행사에서 평상시와 달리 정장을 하고 사회를 보는 모습은 깔끔한 용모와 어우러져 참 멋졌습니다. 하지만 무엇보다 활기참과 여유로움 뒤에 숨어있는 작은 그늘을 이따금 발견했을 때, 나는 그때 인간적인 매력을 느꼈지요. 그러한 남학생이 몇 년 동안 온전히 나만을 위하고 묵묵히 내 옆자리를 지키며 함께 캠퍼스 생활을 영위했다는 사실은 지금 생각해보면 참으로 감사한 일이 아닐 수 없습니다.

우리의 만남은 예정된 만남이었을까요. 또한 우리의 이별도 예견된 이별이었을까요. 입영통지를 받고 논산으로 떠나며 역 개찰구에서 건네준 커다란 곰 인형을 안고 많이도 울었던, 그리고 슬프게 웃던 그대 모습을 아프게 기억합니다. 많은 세월이 흘러서야 그때를 이렇게 담담하게 추억해봅니다.

2학년 여름방학 욕지도의 하계봉사에서 우린 처음 만났습니다. 갯내 어린 바닷가 초등학교 운동장에서 비를 피해 뛰다가, 모랫더미에 함께 나둥그러지는 한밤의 해프닝을 연출한 추억도 한몫 했겠지요. 서로가 얼마나 우습던지 우리는 넘어져서도 밤하늘이 울리도록 목청껏 웃었습니다. 사실 봉사서클의 같은 회원이라 신입생 시절부터 알아왔지만 그때는 그냥 같은 회원일 뿐이었지요. 그저 공식적인 관계 말입니다. 서로가 서로의 이름을 불러주었을 때 그때서야 단순한 몸짓이 아닌 하나의 의미가 되는 것이지요. 사람과 사람이 연緣을 맺는다는 것은 알게 모르게 무수히 많은 보이지 않는 힘들이 작용하는 것일까요. 이 나이에 이르러서야 그 소중함을 조금이나마 깨닫습니다. 그렇게 우리는 함께 한 단체에 책임을 맡으면서 그 계기로 서로를 섬세히 들여다볼 수 있는 기회를 가지게 되었나봅니다.

이맘때, 그해 가을이 막 시작되려는 이즈음이었나요. 7~8명의 서클친구들과 무주지역의 여행이 계획되어 있었지요. 나는 열흘간의 하계봉사를 다녀온 후라 집에 허락을 구하지 못해 결국 친구들과의 덕유산 여행에 그대 혼자만 가게 되었지요. 우리는 흔히 사람의 빈자리에서 그 의미를 확연히 느끼는 것일까요. 다녀온 후 집으로 보내온 '벗들과 어울려 노는 자리에 너의 얼굴이 있었다.' 라고 시작되는 은유가 깔린 편지에서 나는 그대의 마음을 읽을 수 있었습니다. 조금은 가슴 설레는 편지였습니다. 우리는 그렇게 시작되었지요.

졸업하기 전 캠퍼스 생활 삼년 동안, 그리고 졸업 후 입대하기 전 반년 동안 우리는 시쳇말로 참 많이도 붙어 다녔습니다. 오죽하면 첫 발령을 받아 간 학교에서 처음 만난 남선생님이 그러더군요. 캠퍼스에서 항상 함께 다니던 그 남학생은 어디로 갔냐고요. 학교 도서관에서, 빈 시간 교정벤치에서, 서클 행사에서, 종종 귀갓길 버스 속에서도 우리는 함께 했지요. 그래서 나는 동성인 친구들보다 그대가 사실은 더 편했답니다. 특히나 학교에서 우리 집은 한 시간의 거리라 데려다주며 내린 공설운동장 포장마차의 따끈한 어묵 맛은 지금도 생각납니다. 서로 호주머니가 가벼운 날엔 토큰 값을 아끼기 위하여 종점에서 내리지 않고 버스에서 '토큰 데이트'만 하고 되돌아가는 때도 있었지요. 하지만 가끔은 과외 아르바이트로 월급을 받았다며 해삼이나 멍게, 꼼장어 구이가 덤으로 올라오는 호사를 누리기도 했던 걸 기억합니다.

그러나 우리라고 항시 좋을 때만 있었겠습니까. 가끔은 쓸데없는 내 고집이 절정을 이루고, 그대 인내심이 한계에 다다랐을 때는 이따금 살벌한 말다툼도 했었지요. 젊은 시절에 연인끼리의 다툼이란 일종의 자존심을 건 전쟁 같은 건 아니었을까요. 그때는 그 전쟁에 누가 이기는지가 무에 그리 중요했는지 모릅니다. 소설가 파울로 코엘료가 그랬던가요. 사랑은 언제나 번민이고 전쟁이며, 진정한 사랑은 엑스터시와 고통이라고 말입니다. 차라리 그렇다면 좀 더 치열하게 싸우고 좀 더 처절하게 아파볼 것을 그랬습니다.

졸업을 앞둔 해였던가요. 우리는 여행을 한번 하기로 어렵게 계획했지요. 고교시절 국어교과서에 나왔던 수필 「갑사로 가는 길」, 무박 2일 계룡산 여행을 말입니다. 사실 가족여행이나 서클에서 단체로 가는 여행만 다녔던 나로서는 가슴 떨리는 결행이 아닐 수 없었지요. 더구나 그 당시 나의 통행금지 시간이 밤 9시라 가끔 모임이나 시내 데이트로 늦어지면 함께 뛰다시피 해서 겨우 귀가시간을 엄수했던 때라 더욱 그랬지요. 아! 순진하고 순수했던 20대였습니다.

우리의 비밀스런 여행을 위하여 친구들의 우정은 과히 눈물겨웠습니다. 밤차로 가는 열차시간에 맞추어 밤중에 한 친구가 일부러 집으로 데리러 와주었고, 혹시나 필요한 단체사진을 위하여 청바지 차림의 과 친구들이 학교 뒷산에서 사진도 찍어주었습니다. 미안한 얘기지만 집에서 사진을 보면 계룡산인지 학교 뒷산인지를 어떻게 알겠습니까. 결국 우리는 밤차를 탔고, 한밤중에 대전역으로 떠났지요. 그 당시 긴 열차 소요시간을 고려하면, 동학사에서 걸어서 산을 넘어 갑사로 가는 길을 여유 있게 즐기려면, 그렇게라도 시간을 아껴야했기 때문입니다. 솔직히 이른 저녁시각이면 헤어져야하는 연인들에게는 무엇보다 깊은 밤을 향해 아스라이 사라지는 밤기차를 함께 타보고 싶은 마음이 더 절실했겠지요.

밤을 뚫고 기차는 줄기차게 달렸습니다. 지금은 아슴푸레하지만 우리의 이야기도 설렘도 끊임없이 이어졌나봅니다. 기차에서 거의 뜬 눈으로 지새고 이른 새벽녘에서야 드디어 대전역에 도착했지요. 낯선 곳에서 함께 새로운 하루를 맞이한 느낌은 경이로웠습니다. 우리는 동학사로 가는 첫 버스를 기다리느라 인적 없는 싸늘한 역사驛舍의 벤치에서 두어 시간 풋잠을 자고서야 기다리던 여정에 무사히 오를 수 있었지요.

산의 생김새가 금닭이 알을 품는 형국이요, 용이 날아 하늘로 올라가는 형국이라 하여 이름 짓게 되었다는 계룡산鷄龍山. 그 계룡산의 동쪽 자락에 위치한 유서 깊은 동학사를 둘러보고 산을 오르기 시작했습니다. 신록의 잎사귀들은 싱그러웠고, 투명한 햇살은 눈이 부셨습니다. 마치 우리 젊은 날들처럼 말입니다. 맑은 계곡을 지나면서 지어 먹은 밥은 얼마나 맛이 있던지요. 알코올로 예열하던 석유버너에 코펠을 얹어 지은 고슬고슬한 쌀밥, 보글보글 끓인 꽁치찌개는 정말 꿀맛이었답니다. 밥뜸을 잘 들게 하기 위해 코펠 위에 무거운 돌도 얹어두었지요. 마치 사람 사이도 뜨거운 열기로만 아니라 속으로 갈무리하는 절제와 함께 익혔을 때 더 한층 깊은 맛을 낼 수 있는 것처럼 말입니다. 우리는 흐르는 계곡에 발을 담그고 쉬기도 하면서 스님이 된 백제의 왕족과 호랑이가 업고 온 여인과의 애틋한 사랑얘기가 담겨있는 남매탑도 지났습니다. 정상을 향하여 계속 힘겹게 올랐지요. 이윽고 지친 빛이 역력하자 그대는 내가 메고 있던 배낭도 뺏어 메고 나를 끌어주었지요. 그냥 걷기도 힘든데 얼마나 힘이 들었을까요. 그 배낭 둘의 무게가 앞으로 우리가 지고 가야할 운명의 무게였을까요.

미안합니다. 우리의 예쁘고 마냥 순수했던 사랑을 지켜내지 못해. 그리고 부디 용서바랍니다. 부모님의 말씀을 거스를 수 없었던 부족한 용기를, 결국은 전역할 때까지 기다리지 못했던 나약한 인내를, 그리고 무엇보다 현실과 타협했던 흔들린 여심女心을.

드디어 금잔디고개를 지나 산을 넘어 아름다운 고찰, 갑사에 접어들었습니다. 그런데 우리는 그때 알았을까요. 산을 오르며 교과서의 「갑사로 가는 길」이라며 함께 즐거워했던 그 길, 그 수필의 같은 제목으로 훗날 내가 이 글을 쓰게 되리라는 것을. 전공과 달리 문학을 무척 즐겼던 그대와 무관치 않게 내가 문단

사람과 사람이 연緣을 맺는다는 것은 알게 모르게 무수히 많은 보이지 않는 힘들이 작용하는 것일까요?

에 이름을 올린 수필가가 되리라는 것을. 그리고 무엇보다 나의 첫 수필집을 바로 그 「갑사로 가는 길」 저자 L선생께도 보내어 육필로 축하 편지도 받게 되리라는 것을. 지금도 불현듯 홀로 여행을 떠나고 싶을 때면 제일 먼저 떠오르는 장소가 갑사이며 그 사찰을 많이도 좋아하게 되었다는 사실을 말입니다.

그러고 보면 우리가 함께 힘들게 올랐던 '갑사로 가는 길'은 우리 아름다운 젊은 날의 정점이었으며, 수필가로서의 후반부 내 인생을 암시하는 길이었는지도 모릅니다. 뼈에 사무치는 외로움을 가져 보지 못한 사람은 좋은 글을 쓰지 못한다고 했나요. 낙엽 지는 쓸쓸한 가을이 되면 한번 떠나보렵니다. 계룡산의 깊고 그윽한 고찰, 갑사로.

늘 행복하시기를…….

추억은 요술쟁이

서연

어느 날 이성과 처음으로 해본 첫 키스는
소설책이나 영화를 보며 상상했던 그 이상으로 황홀했다.
그 감미로운 추억 하나만으로도 충분히
잘 살 수 있으리라는 예감이 들어 결혼했다.

툇마루에 앉아 추억이나 곱씹는 퇴기退妓처럼 어떨 땐 한가롭게 오만 별 사람 생각을 다 할 때가 있다. 살아갈수록 나에게 호감을 표시했던 남자들에게 뒤늦게 고마움을 느끼는 것은 왜일까. 그 당시엔 '차 한 잔'에도 무슨 의미를 그리 크게 두었는지, 차 한 잔 함께 하는 것도 쉬운 일은 아니었다. 기생오라비처럼 멋 부리고 나온 상대방이 갑자기 싫어져서 찻집까지 갔다가 발길을 돌린 적도 있었고, 공적인 일로 만났을 땐 허물없이 친했는데 심중을 알았을 땐 왠지 부담스러워서 등 그 이유도 여러 가지였다. 그때 처음으로 깨달은 건 남녀 간엔 어떤 운명적인 힘이 작용해야 하는 건 아닌가 하는 생각이었다. 학창시절 흠모했던 선생님, 차 한 잔의 갈등 끝에 마무리해버린 그 만남들도 이제는 연둣빛 그리움으로 남아 풋풋하기만 하다. 그렇다고 좋았던 인연만 생각나는 것은 아니었다. 엄동설한에 야근하자 해 놓고 꼭 붙어 앉아 손을 만지작거리던 '앙큼'씨, 나를 골탕 먹였던 성도 이름도 모르는 까까머리 남학생. 침이라도 퉤퉤 뱉어주고 싶었던 그 일들도 모두 에피소드가 되어 웃음을 짓게 하고 있으니 어인 일일까. 지금은 얼굴도 잘 기억나지 않은 그 남학생 이야기를 하고 싶다.

하복을 입었으니 중학교 이학년 초여름이 아니었나 싶다. 등교를 하기 위해 대문을 나서면 골목 끝 대각선으로 마주 보이는 오동나무집 대문도 약속이나 한 듯 열렸다. 동네사람들이 그 집을 오동나무집이라고 부르는 건 울 안에 오동나무 고목이 있어서였다. 대문 앞에 나타난 사람은 나보다 한 학년쯤 높아 보이는 남학생이었다. 그도 학교를 가기 위해 나서는 길이었다. 살빛 고운 아주머니가 이사를 간 후 새로 온 사람들인 것 같았다. 나는 그 집을 기점으로 오른쪽으로 돌아 학교를 가게 되어 있었고, 그는 반대로 우리 집을 지나 왼쪽으로 돌아 학교를 가게 되어 있었다. 이건 날마다 지나치면서 깨달은 사실이다. 언제나 그는 나를 빤히 쳐다보며 지나쳤고 나는 그 시선을 못 본 체 애써 태연한 척 하며 지나쳤다. 그러던 어느 날, 느닷없이 그에게 손을 꽉 잡히는 봉변을 당했다.

"야, 이 나쁜O! O새끼!…."

속사포처럼 내 입에서 쏟아져 나온 거친 욕들. 녀석이 그런 짓을 하리라곤 상상도 하질 못했다. 초등학교 시절 괜스레 지분거리던 망나니 같은 녀석들에게서 느꼈던 감정과는 사뭇 다른 불쾌감이었다. 그건 그렇다 치고, 도대체 이 지저분한 욕들은 또 뭐란 말인가. 이것이 진정 내 입인지 믿어지지 않았다. 평소 나는 욕을 입에 담아 본 적이 없기 때문이었다. 세상에 욕이 존재해야 할 분명한 이유를 깨닫긴 했지만, 이래저래 자존심이 확 구겨진 나는 하루 종일 분을 참기가 힘들었다. 집에 돌아오자마자 어머니께 그 사실을 고해 바쳤다. 뜻밖인 건 어머니의 반응이었다. '우리 딸을 감히 누가!' 라며 언성을 높일 줄 알았는데 어머니는 목젖이 보이도록 큰 소리로 웃기만 하셨다. 아홉 살 위인 언니도 따라 하하! 웃고 이웃에서 놀러온 언니의 친구마저도 재미있다는 표정이었다.

"너 같이 쬐끄만 애가 그래도 걔 눈엔 여자로 보였나 보네?"

언니가 싱글거리며 내 얼굴을 바짝 들여다보며 놀렸을 때야 비로소 분위기를 짐작했다. 어머니나 언니의 머릿속엔 내가 아직 어린애였단 말인가. 허긴 달거리도 안 했고 키 몸집이 모두 미달이었으니 당연한 일이었는지도 모를 일이었다. 집 안에선 어린애요 밖에선 성인 여자 취급을 당하니 억울하고 슬프고 혼돈스러웠다. 그 후 또 한 번 녀석에게 손을 도둑질 당했지만 이번엔 아무에게도 말하지 않았다. 이 난관을 어떻게 극복해야 하나. 혼자 끙끙 앓으며 등교 시간을 조금 늦춰보고 앞당겨 보아도 소용이 없었다. 그는 귀신처럼 시간을 잘도 맞추었다. 나중에는 송충이를 보듯 징그럽고 무섬증까지 들었다. 그렇게 등굣길이 지옥길이 되어 가던 어느 날 정말 묵과할 수 없는 사건이 터졌다. 녀석이 슬쩍 나를 껴안으려고 했다. 순간 젖 먹던 힘까지 다해 책가방으로 녀석을 냅다 후려쳤는데 어찌된 일일까, 그 과정에서 녀석의 손이 내 가슴의 가장 민감한 꼭짓점에 닿고 말았다. 혼비백산한 나는 학교를 가다 말고 집안으로 뛰어 들어왔다. 그리고는 여봐란 듯이 다리를 뻗고 소리 내어 울기 시작했다. 식구들은 그제야 예삿일이 아니다 싶은지 눈들이 화등잔이 되었다. 하교 후, 어머니가 노기등등해서 그 집으로 쳐들어갔다. 얼마 후 어머니가 다시 돌아와 심증이 가는 녀석이 평상에 앉아 있는데 절대 아니라고 잡아뗀다며 네가 직접 가야겠다고 했다. 아, 두 번 다시 마주치기 싫은 데도 어쩌랴. 가리키는 내 손가락을 녀석이 흘깃 노려보았다. 그날 밤 늦은 시각, 외삼촌이란 사람이 그를 이끌고 우리 집엘 왔다. 외삼촌의 말인즉 매를 들어 혼내주었으니 안심하시라고 했다. 외삼촌이 어머니에게 용서를 빌라며 그를 윽박지르자 풀죽은 목소리로 "잘못 했습니다."를 되뇌었다. 외삼촌은 "다시는 이런 일이 없을 겁니다. 밤늦은 시간에 죄송합니다."라고 또 한 번 정중하게 사과를 했다. 나는 옆방에서 숨죽이며 마음속으로 쾌재를 불렀다. 백번 맞아도 싼 일 아닌가.

그 사건은 이렇게 일단락되었다. 그러나 마음속에 후유증이 남았다. 이성이란 존재에 깜깜했던 수줍음 많고 여린 나의 감수성이 상처를 입었다. 황순원의 단편소설 '소나기' 같은 순정 이야기는 못 만들망정 일찌감치 그 무슨 성희롱이란 말인가. 요즘에야 성적으로 조숙한 아이들이 많지만 그 시대엔 그렇지 않았다. 도저히 이해할 수 없는 싹수가 노란 녀석으로 낙인 찍었는데 어느덧 세월이 흐르면서 자식 허물 덮듯 동생 허물 덮듯 그를 너그럽게 바라보게 되었다. 그는 내 기억 속에 중학생 그대로인데 나만 꿀떡 먹듯 나이를 먹은 탓인지 누나가 된 것 같고 어머니가 된 느낌이랄까. 철부지 적 실수였거나, 좋아하는 방법이 서툴렀거나, 동생처럼 귀여워서 그랬을 거라는 변명까지 덧붙여준다. 외삼촌의 사람 됨됨이, 자존심 다 내던지고 억지 춘향으로 우리 집에 끌려왔을 그의 심정, 그 후 다른 길로 샜는지

한 번도 나와 정면으로 마주친 적이 없던 것을 떠올리며 매 맞힌 걸 미안해하기도 했다. 그리고 어찌됐든 여자로 보아준 덕에 득 본 일도 있질 않은가. 그 사건 후 나를 대하는 식구들의 태도가 달라진 점이었다. 해만 지면 외출이 금지된 것은 불편했지만, 열차를 탈 때 당당히 제값을 지불하고 마음 편히 여행을 할 수 있게 된 사실은 너무나 기뻤다. 옛날엔 할인 표를 반 표라고 불렀다. 초등학생까지 요금의 절반 값으로 열차를 탈 수 있었다. 완행열차를 탈 때면 어머니는 뭐가 억울하신지 내 위아래를 훑어보며 꼭 반 표를 끊게 했다. 친할머니 댁은 간이역이라서 개찰구를 잘 통과하면 그런대로 무사히 도착할 수가 있었는데 외할머니 댁은 달랐다. 도착지 출구에서 또 검표를 받아야만 했다. 차장이 교복을 보고 '너 중학생이지?' 하면 도둑질하다 들킨 사람처럼 쥐구멍이라도 찾고 싶은 심정이었다. 추억은 이렇듯 모든 것을 포용할 수 있어서 아름다운 것일까. 지난날이 너무 쓰라리고 참담해 정말로 뒤돌아보고 싶지 않다면 그것은 이미 추억이라고 말할 수 없을 것이다.

스물 자가 붙은 청춘은 겉은 화려해도 번뇌가 많았다. 꿈과 현실의 괴리를 극복하지 못해 마음의 방황을 겪고 있을 때 드디어 운명적인 만남이 날 찾아왔다. 그와 함께 있으면 젊음이 대단한 축복으로 받아들여지고 마음이 편안했다. 수없이 편지를 주고받으며 하찮게 여겼던 나 자신이 소중한 존재가 된 듯했다. 어느 날 이성과 처음으로 해본 첫 키스는 소설책이나 영화를 보며 상상했던 그 이상으로 황홀했다. 그 감미로운 추억 하나만으로도 충분히 잘 살 수 있으리라는 예감이 들어 결혼했고 현재까지 무난하게 살고 있다. 지금쯤, 어디에서 어떤 모습으로 살고 있는지 모르지만 그 남학생의 귀도 근질근질하지 않을까.

추억은 이렇듯 모든 것을 포용할 수 있어서 아름다운 것일까. 지난날이 너무 쓰라리고 참담해 정말로 뒤돌아보고 싶지 않다면 그것은 이미 추억이라고 말할 수 없을 것이다.

추억의 손짓

김동백

어떻게 하는 것이 옳은지 판단이 쉽지 않았다.
아련한 추억의 손짓에 빠져들어
그녀의 이름 하나만 보고 달려갈 때와는 달리,
쫓기듯 도망쳐오는
내 자신을 나도 알 수가 없었다.

내가 사춘기였을 때는 펜팔이 유행했다. 당시 주간지나 대중 잡지에는 펜팔 광고가 실리고 많은 청춘 남녀들이 한 시대를 풍미했던 '펜팔' 이란 유행 속에서 만났다. 나도 그 시대의 청소년이었기에 반딧불 같은 추억을 하나 가지고 있다. 그해 겨울은 꽤나 추웠다. 당시 나는 낮에 농사일을 하고 밤에 늦게까지 공부하느라 정신과 육체는 만신창이가 되어있었다. 몇 날을 밤낮없이 내리던 폭설이 그치고, 창가에 비치는 차가운 달빛조차도 교교하여 외로운 마음을 더욱 시리게 하는 그런 밤이었다. 가정마다 라디오가 없던 시절, 길 건너 집 스피커에서 박재란이라는 여자 가수의 밝고 경쾌한 노래가 들려왔다. 유선 방송을 통해 가끔 「산 너머 남촌에는」과 「푸른 날개」라는 노래가 흘러나왔는데 특히나 「푸른 날개」는 노랫말과 경쾌한 리듬이 좋았다.

아무리 서러운 슬픔은 많아도 가슴을 털어놓고 노래합시다.
하늘도 푸르고 마음도 즐거워 청춘의 푸른 날개여

이 노래를 듣고 있으면 뭔가 희망이 솟고 마음이 밝아지는 듯했다. 그때부터 나는 박재란이라는 여자 가수에게 관심을 갖고 편지를 쓰기 시작했다. 꼭 답장을 기대하고 쓴 것은 아니었지만 미모의 유명 가수에게 편지를 쓴다는 것은 그의 노래를 듣는 것만큼이나 즐거웠다. 편지의 내용은 대부분 '당신의 노래가 내 가슴에 기쁨과 희망을 가져다주어 고맙다' 는 순수한 팬의 입장에서 쓰는 편지였다. 이성을 향한 사랑이라기보다는 잠시 고달픈 현실을 잊고 싶은 마음에서 답장도 없는 편지를 틈만 있으면 열심히 썼다. 그래도 혹시나 하고 편지가 도착할 날과 답장이 올 날짜까지 미리 계산하여 손가락을 꼽아가며 그리움을 키워 갔다.

그러던 어느 날 처음으로 답장이 왔다. 남자 글씨인지 여자 글씨인지 구분이 잘 안 되는 필체로 '오랫동안 답장을 해주지 못해 미안하다. 누나라고 불러주고 사랑해주어 고맙다' 라는 아주 짧은 내용이었다. 본인이 직접 쓴 것인지 아니면 주변의 어떤 사람이 임의로 대신 써 보낸 것인지 알 수는 없었다. 하지만 인기 연예인들에게 사인 받는 것으로 비교한다면 자랑스러운 일이라는 생각에 고맙기만 했다.

그로부터 5년이 지난 뒤 군대에서 제대하고 무작정 상경하여 조그마한 회사에 임시직으로 근무하게 되었는데 그곳이 녹번동이라 박재란 씨가 살고 있던 갈현동과는 아주 가까운 이웃동네여서 또 편지를 띄웠더니 답장이 왔다. 그런데 박재란 씨가 쓴 편지가 아니고 함께 살고 있는 가수 지망생이라는 아가씨로부터 보내온 편지였다. 팬들로부터 오는 편지는 대부분 자기가 읽어보는데, 내가 보낸 편지 내용이 좋아서 답장을 하게 되었다며 오빠라 부르고 싶다고 했다. 많은 사람들이 나처럼 박재란이라는 유명가수에게 팬레터를 보내고 있다는 사실을 그때 처음 알았다. 무엇보다 난생 처음 나이 어린 여인으로부터 보내온 편지가 싫지 않았다.

펜팔의 진정한 묘미는 아름다운 상상과 기다림이었다. 얼굴도 모르는 사람끼리 그리움인지 호기심인지 모를 아련한 불빛을 하나씩 간직하고 여러 차례 편지를 주고받았다. 그해 연말이 되자 뜻밖에 아가씨로부터 한번 만나자는 편지가 왔다. 그 무렵 나는 새로운 일자리를 구하기 위해 동분서주하고 있을 때였다. 여자와 데이트를 할 입장이 못 되었으나 그렇다고 거절할 수도 없었다.

그해 겨울은 몇 십 년 만에 오는 강추위라고 했다. 웬만하면 외출을 삼갈 만큼 몹시 추운 날씨에 외투도 입지 못하고, 장갑 한 켤레 살 돈이 없어 초라한 모습으로 약속장소로 갔다. 날씨보다 더 춥고 가난한 마음을 안고 약속시간보다 조금 일찍 도착하여 불광극장 옆 어느 다방에서 기다렸다. 얼마나 지났을까. 아가씨가 다방 문을 밀고 들어오는데 동화 속에 나오는 공주 같았다. 그녀의 화려한 옷차림과 빼어난 미모에 나는 그만 주눅이 들어 제대로 말도 못하고 바보처럼 멀뚱하게 앉아 있다가 차만 마시고 헤어졌다. 그때 아가씨는 나에게 연말 선물이라면서 고급 목도리를 주고 갔다.

아가씨에게 실망을 안겨주었다는 생각 때문에 다시는 편지도 쓸 수 없었다. 그 후 그녀로부터 먼저 편지가 왔다. 하지만 하루를 일 년보다 더 힘들게 살아가는 현실 앞에 여자를 사귄다는 것은 가당찮은 사치였다. 당시 나의 앞날에는 박재란 씨가 불렀던 노래 가사의 희망이 찬란한 청춘의 푸른 날개도 용기도 없었기에 미안한 마음을 안고 부득이 소식을 끊게 되었다. 그 후 나는 어떻게 하든지 가난의 늪에서 벗어나야 한다는 일념으로 정신 없이 살다보니 그녀에 대한 생각은 까맣게 잊고 살았다.

그렇게 25년의 세월이 흐른 뒤 내가 두 번째 개발한 상품 '속성 요구르트 제조기'를 가지고 'TV 슈퍼마켓'이라는 텔레비전 프로에 출연했을 때였다. 그 방송을 보고 300여 곳으로부터 상품 주문이 폭주했다. 상품을 우편으로 발송하기 위해 주문자의 주소와 성명을 확인하던 중, 뜻밖에도 그 여인과 똑같은 이름을 발견했다. 그 이름은 흔치 않은 성씨였으므로 쉽게 알아볼 수 있었다. 그동안 모든 것을 잊고 살아온 줄 알았는데…. 나는 지난날 그녀의 모습을 떠올렸다. 그리고 그녀 앞에서 초라한 모습으로 앉아 있던 내 모습도 떠올려보았다.

봄바람처럼 다가오는 추억의 손짓을 따라 바쁜 시간을 쪼개어 상품 하나를 들고 고양시 ○○동까지 직접 찾아갔다. 미로처럼 좁은 골목길을 한참 헤맨 끝에 어렵게 그 여인의 집을 찾을 수 있었다. 설레는 마음으로 초인종을 누르자 몸집이 비대한 중년 여인이 중학생으로 보이는 사내아이와 함께 걸어 나왔다. 사내아이는 학교를 다녀와서 다시 학원에라도 가는 모양이었다. 아들과 어머니의 정겨운 모습이 한 폭의 그림처럼 아름답게 보였다.

아이를 먼저 보낸 후 여인은 반가운 얼굴로 나에게 다가와서 "어디서 한번 뵌 분 같은데 혹시 저를 모르겠어요."하고 인사를 해왔다. 너무나 많이 변해버린 그녀의 모습에 나는 잠시 할 말을 잃어버렸다. 이때 마침 뒤따라오던 자동차가 길을 비켜 달라고 요란스럽게 경적을 울려댔다. 나는 급한 마음에 마땅히 대답할 말을 찾지 못해 "글쎄요."라는 한마디 말을 남기고 자동차를 다른 곳에 주차하기 위해 골목을 빠져 나왔다. 마침 가까운 곳에 넓은 공간이 있어 안전하게 주차할 수 있었다. 자동차에서 내려 그 여인의 집으로 다시 찾아가볼까 하는 생각을 했다. 하지만 그때 문득 조금 전에 대문 앞에서 보았던 두 모자母子의 행복한 모습이 떠올라 마음을 고쳐먹고 그만 돌아오고야 말았다. 어떻게 하는 것이 옳은지 판단이 쉽지 않았다. 아련한 추억의 손짓에 빠져들어 그녀의 이름 하나만 보고 달려갈 때와는 달리, 쫓기듯 도망쳐오는 내 자신을 나도 알 수가 없었다.

허나 이제 생각해보니 추억은 과거 속에 머물러 있을 때만이 영원히 시들지 않는 아름다운 꽃으로 피어있게 되는 것 같다.

얼굴도 모르는 사람끼리 그리움인지 호기심인지 모를 아련한 불빛을 하나씩 간직하고 여러 차례 편지를 주고받았다.

작은 돌멩이 하나

은빛하늘

그리움이란 병은 달콤하면서도 애달팠다.
'보고 있어도 그립다.' 는 말의 의미를 그때 처음 알았다.
시도 때도 없이 목말랐다.
눈을 뜨면서부터 잠드는 순간까지.

"그 남자는 날 정말 사랑하기 때문에 나를 안을 수가 없대. 우린 만나면 애만 끓이다 말곤 해."

"어머, 아직도 그런 순애보적인 남자가 있니. 멋지다."

시내의 한 찻집에서 어쩔 수 없이 듣게 된 말이다. (찻집에서 은밀한 이야기를 나눌 땐 목소리 수위 조절을 잘 해야 한다.)

약속 시간에 너무 일찍 도착해 지루해 하고 있던 내게 그녀의 말은 잔잔한 가슴에 돌이 퐁, 하고 떨어지는 느낌이었다. 나는 슬며시 그녀를 살펴보았다. 삼십 대 중반 쯤 되어 보이는 여자는 검은 슈트 차림의 단아한 인상이었다. 검은 슈트 밑으로 비추는 목선이 섹시해 보였다. 한 마디로 매력적인 여인이었다. 그녀와 잠시 눈이 마주쳤다. 우수가 깃든 고독한 눈망울이었다. 그녀의 눈 속에서 욕망을 읽은 건 찰나였다. 아이러니컬하게도 그녀의 눈빛 속에 내가 있었다.

그 해, 남산의 벚꽃은 찬란했다.

그를 처음 본 것은 시내 모 호텔에서 열리는 조찬 포럼에서였다. 늘 주제도 다르고 참석하는 사람들 범위도 달라 언제나 새로웠다. 나는 그 날 연사로 나온 분의 이야기를 듣느라 다른 곳에 신경을 쓸 겨를이 없었다.

"어디서 나오셨나요?"

그는 내게 아주 자연스럽게 말을 붙여 왔다. 이토록 간단한 인사 한 마디가 내 마음을 온통 흔들어 놓을 줄 상상도 못했다.

곧이어 시작된 식사 시간에도 그는 줄곧 내게 친근하게 다가왔다. 여느 때 같으면 별 싱거운 사람 다 있다 싶었겠지만 워낙 점잖은 사람들만 모인 곳이라 일단 상대방에 대한 신뢰는 있었다. 고백컨대 난 그가 나보다 다섯 살이나 어린 기업인이라고는 상상도 못했다. 그가 나이가 들어 보여서가 아니라, 그 자리에 나온 사람들 대부분 정계나 재계에 있는 사람들이라 어느 정도 연배가 있었기 때문이다. 식사를 마치자 그가 부득불 내가 가는 곳까지 데려다 주겠단다. 내 목적지까지 데려다 주면서 달린 길이 남산이었다. 그와 내가 달리는 차창 밖으로 꽃잎이 팡파르 울리듯 떨어졌다.

"늘 혼자 나오시더군요. 남자들 많은데 혼자여서 힘드셨지요. 오늘은 내가 수호천사 역할을 해야겠다고 생각했지요."

키는 크지 않지만 단단한 몸매를 가진 근육질의 남자였다. 반듯한 이마 때문일까. 그는 가만히 있어도 당당해 보였다. 하지만 설핏 비치는 깊은 눈 속의 고독은 왠지 슬퍼 보였다. 그 눈빛 때문에 난 그에게 끌렸는지도 모른다. 하지만 새벽에 처음 본 남자의 차에 동승한 철없는 자신을 자책하며 나는 새침한 표정으로 창밖만 내다보고 있었다.

"편하게 생각하세요. 마침 지나는 길이니까 태워 드리는 겁니다. 사실 남산 벚꽃 말만 들었지 처음입니다. 외국에서 살다 들어 와 공직 생활하면서는 눈코 뜰 새 없었고요. 사업이라고 뛰어 들고 보니 정말 바쁘네요. 이렇게 같이 벚꽃을 보게 되어……."

끝말을 잇지 못했다. 그 역시 어색하긴 마친가지였던 것 같다. 그의 차가 남산을 벗어나려하자 분홍 꽃비가 온 천지를 덮고 있었다. 그와 내가 한 목소리로 탄성을 질렀다. 마치 어린아이들처럼.

그리움이란 병은 달콤하면서도 애달팠다. 보고 있어도 그립다, 는 말의 의미를 그 때 처음 알았다. 시도 때도 없이 목말랐다. 눈을 뜨면서부터 잠드는 순간까지. 먹고, 보고, 쇼핑하고 책 읽는 모든 순간에도 그는 나와 함께였다. 서로가 연락이 자유롭지 못한 주말을 보내는 것이 긴 터널 속에 갇힌 듯 힘들었다. 그만큼 우린 깊이 빠져 들어가고 있었다.

대기업은 아니지만 제법 큰 기업 다수를 운영하는 사람, 특히 세계 특허품으로 전 세계 시장을 향해 달려가는 중이라 그와의 만남은 그리 녹록치 않았다. 일단 서로가 너무나 바빴다. 그러나 마치 첩보 작전을 짜듯 주위 사람들을 따돌리고 만나는 순간만큼은 스릴 만점이었다.

우린 만나는 순간만큼은 자연인으로 돌아갔다. 아니 청춘이었다. 자연스럽게 말을 놓고, 손을 잡고 한강변을 걸었다. 서로에 대해 알아가는 순간이 행복했다. 왜 이제 내 앞에 나타났냐고. 영화의 한 대목이 우리의 언어가 되는 순간이었다. 그와 만나는 시간은 너무 빨리 지나갔다. 한 십분 쯤 지났나 싶어 시계를 보면 어느새 세 시간이 훌쩍 넘어 서둘러야만 했다. 각자의 둥지로 돌아설 때의 그 미묘한 심정이란. 깊은 죄의식과 뜨거운 열정이 합세해서 뿜어내는 열기에 온몸이 녹아내릴 것 같았다.

하지만 그의 차가 자신의 둥지를 향해 사라지는 모습을 볼 때마다, 내 안에서는 전쟁이 시작되었다. 끝이 보이는 만남은 부질없는 짓이란 생각에 피가 말랐다. 또 한 가지 힘겨웠던 건, 그와 내 안에 무섭게 뿌리박힌 도덕이라는 옷이었다. 깊은 입맞춤 이상의 경계선은 절대 넘어서는 안 된다는 강박감. 그럴수록 더욱 강해지는 서로에 대한 욕망. 지금 생각해도 우린 열병 환자였다.

"더는 욕심 부려서는 안 되는 거지? 우리에겐 '그 분'이 지켜보고 있으니까."

이해도 되고 맞는 말이기도 하고, 잘 참아주는 그가 멋져 보이지만, 돌아서면 허무했다. 단지 욕망을 채우지 못해서만은 아니다. 아무튼 흙탕물에서 뒹굴다 나온 것처럼 개운치 않았다. 난 정말 끼가 넘치는 더러운 존재인가. 자괴감에 밥맛마저 잃었다.

왜 이제 내 앞에 나타났냐고….

"더는 힘들어서 감당할 자신이 없다. 우리 서로에게 의미 있는 존재로 남는 게 좋을 것 같아. 이 돌은 작지만 영원히 변하지 않을 거야. 내 마음처럼."

그가 외국 출장차 갔다 주웠다는 돌멩이 하나를 건네며 한 말이다. 작고 앙증맞은 돌이 이별의 눈물처럼 슬프게 쳐다보고 있었다. 이미 예정된 길이었지만 아팠다. 참 많이.

지갑 속의 돌멩이를 볼 때마다 그의 서늘한 눈망울이 그리운 나만큼이나, 그 역시 이별의 아픔을 삭이지 못해 문자를 보내곤 했다.

"당신은 대작이 될 거야. 늘 기도해. 내 생에 당신을 생각하는 것만큼 누군가를 깊이 생각해 본 적은 없었어. 지금도 그 마음은 변함없어."

"우리 머리에 살구꽃이 필 때쯤, 욕망이라는 놈이 납작 엎드려 질 즈음, 다시 만나자."

"뭘 그렇게 골똘히 생각하고 있어. 내가 좀 늦었지. 미안."

옛 생각에 잠겨 있느라 친구가 들어오는 것도 모르고 있었다. 나는 분위기를 바꾸기 위해 무조건 친구를 데리고 밖으로 나왔다. 불현듯 가방 속의 돌멩이가 보고 싶었지만, 투덜거리는 친구의 등살에 못 이겨 먹자골목으로 발길을 재촉했다.

그림자,
연인

달려가는 그림자

서울역

J

그저 이성 친구인 줄만 알았는데
네가 어디에도 없는 그날 보니
우리는 사랑이었더구나.
티 없이 맑고 순수한 첫사랑이었더라.

H!

그곳은 어떠니? 온갖 시름을 다 내려놓고 편하게 잘 지내고 있으리라 믿어. 네가 그렇게 홀연히 이 세상에서 사라진 지 벌써 8년이다. 어제는 모임에서 너와 친하게 지냈던 분을 만나서 네 이야기를 들었다. "지역사회를 위해 헌신하고 훌륭한 분이었는데 고생만 하다가 가셨어요."라며 애석해 하더라. 너를 생각하면 아직도 가슴이 아리다 못해 찢어지는 것 같아. 강직하고 명쾌하고 정의로운 네가 살기에는 이 세상은 너무 혼탁하였지. 그래도 희생하고 봉사하며 사회정의를 부르짖느라 온몸이 만신창이가 되도록 수고하였는데 막 결실을 거둘 즈음에 불의의 사고로 떠나가고 말았으니….

수천 군중 앞에서 불의에 대항해 주먹을 쳐들던 용감한 너!, 하지만 내 앞에서는 한없이 부드럽고 착한 소년이었지. 귀밑에 솜털이 보송보송한 얼굴로 다가와서 쑥스러워하며 말을 건네던 까까머리 중학생의 모습이 아직도 눈에 선하구나. 그렇게 중학교 동창회에서 처음 만난 후 우리는 둘 다 서울의 고등학교로 진학을 하게 되었고 서울 생활에 주눅이 든 동향 친구들끼리 서클을 만들었지. 너는 회장 나는 부회장, 우리는 모임을 이끌다가 서로 좋아하게 되었고 대학에 가면 다시 모이자고 고3 때는 일 년간 서클까지 해체했지만 너는 낙방하고 나는 명문 여대의 인기과에 합격했어. 그 빗발치듯 들어오던 미팅 신청을 다 거절하고 나는 일 년 동안 너 하나만 바라보았다. 네 공부의 휴식처로 네가 필요할 때마다 달려가 같이 밥 먹고 놀러 다녔지. 너는 결국 서울대 법대에 합격을 하였고 그날 나는 너에게 이별을 통고했어. 혹여 네가 나에 대하여 어떤 부채감을 느낄까봐 너를 자유롭게 해 주고 싶었던 거지. 그러고 보면 그 어린 나이에 나는 참 쿨하고 멋쟁이 친구였지?

등단을 하고 오 년 만에 책을 낸 후, 나는 그 책을 너에게 보내고 싶었다. 녹록치 않았던 23년 세월을 '나 이렇게 살아 왔노라, 이렇게 잘 살고 있노라' 고 자랑(?)하고 격려 받고 싶었다고나 할까. 언젠가 너에 대해서 실린 신문기사에서 본 네가 재직하고 있는 대학교로 책을 부쳤다. 내 얼굴을 길게 늘인 사진이 책의 표지였지. 며칠 후 너에게서 편지가 왔더라.

J에게
낯선 우편물
낯익은 이름에 번개같이 스치는 수많은 생각들
표지의 낯선 얼굴
동일한 학력과 낯익은 글씨
다시 표지의 사진
옛 얼굴로 되돌아 연결시키기까지 걸린 긴 세월의 무게
내 삶에서 가장 순수했던 아름다움이 기억되는 시절을 함께 한 얼굴
조급한 마음으로 책을 읽어가는 동안 차츰 마음의 안식

을 얻을 수 있었던 것은 그 긴 시간을 돌아 원숙한 삶을 체득한 모습을 보는 기쁨과 함께, 내 오랜 마음의 짐을 조금이나마 벗을 수 있다는 안도감, 그리고 책을 보내준 깊고 따스한 마음에 대한 감사함 때문이리라.
넌 그때에도 항상 나보다 사려 깊고 성숙했는데 비해 나는 항상 철부지였지. 글 속에서 묻어나는 지난 시간의 아픈 편린들. 언젠가 무어라 말은 하지 못할지라도 사는 모습이라도 확인하고 싶었던 염원의 결과가 정말 피곤한 어느 오후에 갑작스런 충격으로 다가왔구나.
우리의 모교가 폐교된다고 해서 긴급히 동기동창회가 꾸려지고 매년 두 번씩 이미 네 번의 모임을 가졌지만 네 모습은 찾을 수가 없었는데….
봉투에 전화번호가 있다는 것을 뒤늦게야 알았지만 갑자기 무슨 말을 하여야 좋을 지도 모르겠고 역시 그 옛날에 정성들여 크리스마스카드를 그리듯이 글을 쓰기로 했다.
이 글을 읽고 났을 때쯤 전화를 하려한다.
보고픈 마음은 비원 앞이어도 좋고 아니라도 좋다.

1997. 4.

H가

지방에 사는 너를 마중하러 서울역으로 나갔지. 열차가 도착하였다는 안내가 나오자 가슴이 두근거리더라. 너는 나를 금방 알아볼까. 실망이나 하지 않을까. 나는 너를 쉽게 찾을 수 있을까. 플랫폼을 거쳐 개찰구 앞으로 다가온 너는 사방을 두리번거렸지. 나는 기둥 뒤에 숨어서 너를 훔쳐보았다. 23년 전의 청바지와 티셔츠가 말끔한 양복으로 바뀌었을 뿐 너는 예전 모습 그대로더구나. 잘 생기고 늘씬하고 착한 눈망울도 그대로더라. 살며시 내 모습을 드러내었어. 너의 얼굴에 환한 미소가 번지더라.

너는 일 년에 서너 번씩 서울에 볼 일이 있을 때면 전화를 했지.

"나 내일 서울 가는데, 시간 괜찮아? 내려올 때는 몇 시 표 끊을까?"

우리는 서로의 남편이나 아내 흉을 보면서 언제나 내 편이 되어 줄 이성 친구가 있다는 것이 얼마나 든든하고 넉넉한지 모르겠다며 철없던 그 시절처럼 깔깔대며 좋아했지. 그리고 십년이 더 지나 육십 살 쯤 되면 같이 여행도 가는 편한 사이가 되자고 손가락을 걸며 약속했지. 그때 왜 그렇게 다짐하듯 약속을 했을까. 너를 다시 만난 지 4년 만에 신문에서 너의 사고 소식을 접했다. 전날도 너와 통화를 하였기에 나는 믿을 수가 없었어. 설마 하면서 단숨에 지방으로 달려갔지만 역시나 너는 영정 사진 속에서 하얗게 웃고 있더구나.

'이리 떠날 줄 알았으면 네 말을 들어주는 건데…. 미안해! 정말 미안해'

두 달 전 네가 마지막으로 서울에 왔을 때, 너는 나와 헤어질 무렵 술 한 잔 걸친 기분에 노래방에 가자고 했지. 단둘이 노래방에 가기도 멋쩍었지만 아무래도 10시로 예매해 놓은 기차 시간이 촉박하더라. 나는 시간이 안 된다고 하고 너는 더 늦은 밤 차를 타고 가도 된다고 했지만 우리는 서울역으로 향했다. 그리고 나는 너를 서울역 광장에 내려놓고 곧장 집으로 택시를 달리게 했어. 가족이 도끼눈을 하고 있을 게 뻔하여 불안하였거든. 그날따라 사는 일이 힘들어 죽겠다면서 술에 취한 네가 휑한 바람이 부는 어두운 서울역 광장을 가로질러가며 휘청거리는 것을, 나는 멀어지는 택시 안에서 망연히 바라보기만 하였다. 너는 우리의 영원한 이별을 예감했었는지 내가 집에 도착할 때까지 전화를 다섯 번이나 하더라. 조심해서 잘 가라고 하더니 이제 자리에 앉았다고 하고, 기차가 출발한다고 중계를 하더니, 한강을 건넌다면서 또 전화를 하였다. 많이 외롭고 힘들었나봐. 우리의 모습을 지켜본 택시기사는 남자분의 마음은 친구 사이가 아닌 것 같다고 했다.

네가 그렇게 세상을 떠나고 나는 나를 용서할 수 없었다. 어둠 속으로 몇 시간이나 가야하는 사람인데 어쩜 그리 매정하게 배웅도 않고 달음박질쳤을까. 살다보면 힘들어하는 날들도 있게 마련이거늘, 친구라면서 노래방 한번 가줄 정도의 포용력도 없단 말인가. 그리고 내가 좀 늦게 들어가서 남편 눈총을 받는 한이 있어도 나는 너를 좀 더 따뜻하게 위로해주었어야 했다.

손을 잡아주고 부축도 해 주고 꼭 안아줬어야 하는 것을….

내 두 번째 책이 나와서 문우들이 축하연을 해 주었어. 뒤풀이로 노래방에 가자더라. 너를 생각하면 갈 수 없었지만 어쩔 수 없이 갔지. 거기서 나는 자주 네가 흥얼거리던 노래 '떠나가는 배'를 불렀다. '저기 떠나가는 배 거친 바다 외로이- 겨울비에 젖은 돛에 가득 찬바람을 안고서- 언제 다시 오마는 허튼 맹세도 없이….' 그날은 너의 49재 날이었어. 이제 영혼마저 영영 세상을 떠나는 너를 위해 세상 근심 다 털어버리고 훌훌 떠나가라고 기원했지만 눈물이 앞을 가려 노래를 맺지 못했어. 차마 보내기 싫었어.

그저 이성 친구인 줄만 알았는데 네가 어디에도 없는 그날 보니 우리는 사랑이었더구나. 티 없이 맑고 순수한 첫사랑이었더라.

그래. 내 첫사랑 소년아! 23년을 또 기다리면 우리 다시 만날 수 있을까?

그날따라 사는 일이 힘들어 죽겠다면서 술에 취한 네가 휑한 바람이 부는 어두운 서울역 광장을 가로질러가며 휘청거리는 것을, 나는 멀어지는 택시 안에서 망연히 바라보기만 하였다.

눈물의 웨딩드레스

장생주

미쳤다. 정말 미쳤었다.
서른 넘은 나이에 열네 살 연하의
한 아가씨에게 홀딱 반했다.
사랑에 빠졌다.
어느 잡지에 실린 한 편의 글 때문이었다.

미쳤다. 정말 미쳤었다. 서른 넘은 나이에 열네 살 연하의 한 아가씨에게 홀딱 반했다. 사랑에 빠졌다. 어느 잡지에 실린 한 편의 글 때문이었다. 그녀는 내게 감상문을 써 보냈고 나는 답장을 써 보냈다. 그리고 우리는 편지를 주고받게 되었다. 그뿐이었다. 그러나 난 편지가 오갈수록 마음이 변했다. 보고 싶었다. 그래 어느 해 1월 3일. 나는 그녀를 만나기 위해 집을 나섰다. 그 날은 눈이 엄청나게 많이 내렸다. 곳곳에서 눈사태가 나고 교통이 마비되었다. 그런데도 난 서울행 버스에 올랐다. 얼굴도 모르는 Y였다. 몇 년 동안 편지로만 사귀어오다 드디어 오늘은 그녀를 만난다고 생각하니 왜 그리 가슴이 뛰던가. 동대문 버스터미널 부근에서 Y를 만났다. 백설처럼 청순해 뵈는 스물두 살의 아가씨. 일류회사에 다니는 충청도 예산, 한산 이씨 가문의 9남매 중 셋째 딸. 편지 속의 Y보다 더 아름다운 그녀에게 무슨 말이 더 필요하랴. 그저 홀딱 반해 그녀의 손을 잡고 덕수궁을 찾았다. 수필가 박연구 선생님과 함께 세계 명화를 감상하기도 하고 박 선생님으로부터 '위대한 개츠비' 이야기를 들었다. 박 선생님은 나와 그녀가 잘되기를 바라는 마음으로 중매쟁이 노릇을 해 주셨다.

그날. 우리는 참으로 많은 얘기를 나눴다. 폐결핵 중증으로 피를 토하며 8년이란 긴 세월을 사투하던 이야기며, 사랑하던 이로부터 버림받은 이야기. 절망과 좌절 속에 방황하는 젊은 날의 아픔을 눈물로 이야기했다. 그녀도 눈물을 흘렸다. 마주 잡은 손이 부들부들 떨렸다. 이윽고 나는 어렵게 청혼을 했다. 그러나 그녀는 말없이 눈물만 흘렸다. 서울에서의 꿈같은 시간. 그녀는 날 극진히 대해주면서도 끝내 청혼에 대한 대답은 한마디도 없었다. 결국 나는 아쉬움을 남기고 시골로 돌아왔다.

며칠 후 그녀로부터 편지가 왔다.

'All Mine To Give'

한 마디 뿐이었다. 그것은 당시 전국 극장가에서 한창 히트를 치던 영화제목이었다. 난 그 영화 속에 어떤 힌트가 있을까 싶어 당장 그 영화를 보았다. 영화는 1800년대 스코틀랜드에서 미국으로 이민 온 로버트 윈스 가家의 실화를 영화화한 세계인을 울린 감동적인 명화였다. 그 중에서도 부모를 잃은 여섯 형제가 이집 저집으로 뿔뿔이 흩어져 가는 마지막 장면이 눈물겨웠다. 끝없이 펼쳐지는 광활한 설원 속에 썰매를 끄는 로비. 그 썰매 속에 죽은 듯 앉아 있는 제인. 40리 길. 긴 긴 눈밭. 눈은 계속 내리고 날은 저물고 어느새 그들은 눈사람이 되어 하마 죽게 될까 맘 졸이며 지켜본 그들의 운명. 크리스마스 이브. 한 밤중에 남의 집에 제인을 맡겨 두고 돌아서는 로비. 어찌 그리 불쌍하던가. 눈물 속에 영화는 끝났다.

'내 모든 것을 다 주어도' 그게 어떻다는 말인가. 조건 없는 희생정신이 이 영화의 주제인데, 그럼 Y가 날 받아주겠다는 말인가. 난 다시 용기를 내어 그녀에게 편지를 띄워 보냈다. 그리고 또 많은 세월이 흘렀다. 아무리 생각해도 우리들의 사랑은 이루어질 수 없는 사랑이었다. 그러나 나는 그녀를 잊지 못해 날마다 편지를 써 보냈다.

"영아! 한 번만, 딱 한 번 만 내 집에 왔다가렴."

이제 결혼은 아니 해도 좋으니 내 집에 한 번 놀러 오라고 하소연했다.

어느 날. 그녀가 왔다. 꿈같은 재회였다. 그러나 아직도 병약해 보이는 몰골. 나이 많은 남자. 이런 내게 그녀는 결코 욕심을 내서는 안 될 앳된 아가씨였다. 아무려나 그녀는 입고 왔던 원피스 하나를 남겨두고는 홀연히 떠나갔다. 그리고는 날마다 보내는 내 편지에도 답장조차 보내주지 않았다. 그렇게 몇 달이 지났다.

아무리 생각해도
우리들의 사랑은
이루어질 수 없는
사랑이었다.

1977년 7월 7일 오후 7시. 그날은 비가 쏟아지고 있었다. 그런데 그 빗속을 뚫고 그녀가 내게 왔다. 작은 트럭에 짐을 싣고 서울에서 전라도 강진까지 그 먼 길을, 불쌍한 한 인간을 위해 헌신하겠다는 심정으로 내게 왔다. 함께 자취를 하던 친구에게조차 행방을 밝히지 않고 내게 온 것이다.

사랑은 운명인가. 우리는 숱한 우여곡절 끝에 결혼식장에 나란히 섰다. 텅 빈 예식장. 하객이라고는 결혼사진을 찍는 사진사와 주례. 그리고 내 누이동생뿐이었다. 그렇다고 우리는 고아가 아니었다. 내게도 가족도 있고 친척 친구 친지들. 직장 동료들이 있었다. 그리고 신부도 부모. 형제들. 친척들. 친구들. 부르면 금방 식장이 차고 넘쳤을 것이다. 그러나 우리는 아무도 초대하지 않고 단 둘이서, K시의 한 복판에 있는 제법 큰 예식장을 빌려 결혼식을 올리기로 한 것이었다.

드디어 웨딩마치를 올렸다. 신랑 신부가 함께 손을 잡고 주례 앞으로 나갔다. 신부의 손은 떨리고 있었고 걸음걸이마저 불안

사랑은 운명인가?

해 금방이라도 쓰러질 것만 같았다. 신부의 흐느낌이 내 손으로 전해 왔다. 한 걸음 한 걸음. 결혼식장의 길이 왜 그리 길던가. 신부의 눈에서 눈물이 주르륵 흘러 내렸다. 이것이 아닌데……. 신부는 결혼식이 어떻게 진행되는지 알기나 하는지. 그저 처음부터 끝까지 눈물만 흘렸다. "검은머리 파뿌리 되도록 잘 살라"는 주례사도 들리는지 안 들리는지……. 오늘따라 말쑥하게 차려입은 내 모습은 애당초 눈에 들어오지 않은 모양이었다.

그래 이건 애당초 잘못된 만남인지도 몰랐다. 어느 잡지에 실린 '묘한 세상' 이라는 나의 글을 읽고 그녀가 눈물을 흘리지 않았더라도, 편지를 써 보내지 않았더라도, 펜팔을 하지 않았더라도, 이렇듯 눈물 많고 애틋한 결혼식은 올리지 않았으리라. 그러나 이제 어쩌랴. 부모님과 형제들과 친구들이 한사코 반대하던 결혼을 끝끝내 강행하려고 다니던 직장조차 버리고 홀연히 서울에서 전라도 강진 땅으로 내려오지 않았던가. '그건 사랑이 아니야. 그건 동정일 뿐이야.' 아무리 생각을 않으려 해도 나이 차가 많고 언제 다시 가슴을 앓아 피를 토하며 죽을 지도 모를 병약한 남자와 일흔 넘은 홀시어머니. 단 한 가지 내세울 것이 있다면 시골학교 선생님으로 착하디 착한 심성 하나 뿐이다. 아무리 생각해도 마음에 차지 않는 나 같은 남자를 사랑한다는 것은 참으로 무모한 일이요 정말 잘못된 선택인지도 모를 일이었다.

"신부님! 오늘같이 좋은 날 왜 우세요. 활짝 웃어 보세요." 사진사가 몇 번이고 주의를 주며 웃으라고 해도 신부는 눈물만 흘렸다. 얼마나 입고 싶었던 드레스였으랴. 얼마나 정성 들여 곱게 한 신부화장이었을까. 그러나 눈물로 얼룩진 얼굴에 화장조차 엉망이 되고 있었다. 그 모습은 옆에서 차마 눈뜨고는 볼 수 없을 만큼 애처로운 모습이었다. 어찌 어찌 찍은 결혼사진. 제대로 나올까 싶었다. 신랑 신부는 말이 없었다. 결혼사진 한 장 달랑 찍어 두고 예물이라고는 금반지 하나 뿐. 이 세상 어느 누구도 이렇게 초라한 결혼식은 하지 않았을 것만 같은 결혼식을 마치고 우리는 예식장을 빠져 나왔다.

하늘에선 하얀 눈이 펑펑 쏟아지고 있었다. 눈물로 얼룩진 웨딩드레스를 움켜 쥔 신부는 아직도 울고 있었다. 슬픔의 눈물인지 기쁨의 눈물인지….

그 후 30년 세월. 우리는 여전히 사랑에 취해 행복하게 살고 있다.

하늘에선 하얀 눈이 펑펑 쏟아지고 있었다. 눈물로 얼룩진 웨딩드레스를 움켜 쥔 신부는 아직도 울고 있었다.

슬픔의 눈물인지 기쁨의 눈물인지….

푸르른 날의 사진 한 장

달빛

숨 쉬듯 자연스레 내뿜어지는 내 푸르른 날의 사랑!
그러나 함부로 꺼내 보일 수 없는 이야기이다.
그 무엇보다 가슴 저리고 그 무엇보다 진귀하여
아름답게 여미고 산다.
스치듯 꿈만 꾸고도 봄 동산을 거니는 느낌에 젖어든다.

샘물이 흘러넘치는 곳에서 그를 만났다. 팔 뻗으면 닿을 거리에서 가늘게 흐르는 도랑을 사이에 두고 양쪽 풀숲에 앉았다. 그쪽은 아내와 어린 아들까지 나와 있었는데 어찌된 일인지 나는 혼자였다.

두 사람은 무언 속에서 서로를 읽어 내려갔다. 벼르고 별러온 이야기를 풀고 있었다. 가족의 형태로 거기 나온 사람들의 역할은 별 게 없었다. 그와 내가 나누는 이야기를 경청하는 것이 그들의 몫이었다. 누군가 꼭 들어서 남겨야할 이야기를 알아두기 위하여, 의무를 띠고 나온 사람들이라고나 할까. 그들은 그러한 가치를 따져서 세워놓은 증인들에 불과했다. 그렇기에 그들은 우리 두 사람의 대화에 전혀 개입하지를 않았다. 따라서 나도 그의 가족을 의식하지 않았다.

처음 얼마간은 두 사람의 이야기를 물살이 대신했다. 세월의 두께에 눌린 이야기들을 돌돌 흐르는 물살이 거푸거푸 풀어냈다. 20년이나 지나버린 세월을 안고 가장 하고 싶은 말이란 무엇이었을까. 예나 지금이나 듣는 편에 서있는 그를 향해, 나는 온 몸의 기를 다해 토해냈다.

"우리가 결혼을 못한 것은 지나간 시대적 가난 때문이에요! 개인의 야망보다는 가족의 굴레에서, 내가 돌보지 않으면 안 되었던 현실을 당차게 외면하지 못한 탓이에요! 나는 주변을 끌어안느라고 당신을 놓았어요!"

그건 절규였다. 목소리에 얼마나 힘을 주었는지 잠결인데도 내가 쏟은 말이 또렷하게 들렸다. 남편은 다행히 곤히 자고 있었다.

사람이 살아가면서 이성을 만나고 정을 주고 또 받고, 그러나 맺어지지 않는 관계는 아릿한 슬픔 한 자락을 가슴에 안기 마련이다. 아름다웠던 일들을 추억하기보다는 이루지 못한 설움이 더 크게 남아 한을 낳기도 한다. 내게도 그렇게 응고된 덩어리가 만만치 않은 모양이었다. 실제로는 그가 어디에 사는지를 알아본 일이 없고 또 알려하지도 않았으나, 가끔씩 꿈결에는 그의 자취를 찾아 더듬었다. 작정하고 꾸는 꿈도 아니지만, 꿈길에서 그의 모습을 보면 더없이 반가웠다. 그러나 정면으로 얼굴을 본

잊었다가 떠오르고, 세월 속에 고이 묻었다가도 어느 결에 꺼내보게 되는 것이 첫사랑의 여운인가보다. 세파에 찌들기 전의 여리고도 순수한 영혼으로 맺어진 관계여서, 사람들은 그 풋풋함을 두고두고 기억하는 것이리라.

일은 없다. 철길을 사이에 두었거나 뒷모습뿐이어서 더욱 허탈하기만 했다. 어느 때는 우편함에 묵은 편지가 그득하여 '이제야 그의 주소를 알겠구나' 하고 열기가 솟구쳤는데, 그만 아침이었다.

잊었다가 떠오르고, 세월 속에 고이 묻었다가도 어느 결에 꺼내보게 되는 것이 첫사랑의 여운인가보다. 세파에 찌들기 전의 여리고도 순수한 영혼으로 맺어진 관계여서, 사람들은 그 풋풋함을 두고두고 기억하는 것이리라. 그래서인지 첫사랑을 아름답게 말하지 않는 이를 나는 이제껏 만나지 못했다. 수줍게 여미어둔 어설픈 그 첫사랑–은 세월 속에서 어엿하니 자라난다. 다지면 다질수록 고개를 들고 사람의 나이를 따라서 덩달아 성숙한다. 서툰 표현 등으로 상처를 냈던 말들조차 미화되어 둥지를 틀고 좀처럼 떠날 기미가 없는 게 첫사랑이다.

불같은 열기를 삭여가며 주경야독하던 시절, 핸섬한 청년이 다가왔었다. 지금도 서울 한복판에 나가면 그가 머물던 건물이 남아있는데, 그 빌딩내의 ㅎ무역회사 기획부에 근무하던 엘리트사원이었다. 그 무렵의 그는 유일하게 나를 읽어내는 사람이었다. 그 넉넉함으로 내 정신은 충만했고, 가시덤불과도 같았던 현실을 무한히 뛰어넘을 수 있었다. 그를 떠난 내 세계는 생각지 않을 정도였다. 그 세월은 결코 짧지가 않았다.

한데 차츰 철이 들자 내 안에 그를 가두면 안 되겠다는 마음이 생겨 엉뚱한 짓을 하기에 이르렀다. 뒷걸음질 치는 방법으로 타인과 맞선 한번 보고는 약혼했다 하여 그를 멀리했다. 성실하고 포부가 큰 청년이었는데, 그런 사람을 붙들어 내 작은 그늘에 머물게 할 수는 없는 일이었다. 결과적으로 미국 유학을 준비하는 그에게 기다린다 말하지 못하고, 가지 말라고도 못하였다. 나도 따라가겠다고는 더더욱 못했다. 어린 나이 치고 이 얼마나 갸륵한(?) 결별인가. 당시 나를 가둔 굴레는 그런 것이었다. 진실을 가슴에 묻고 딴청을 피운 사람이 비단 나 하나 뿐은 아닐 것이다.

나는 지금 강화 갑곶돈대에 서 있다. 푸르른 사람과의 줄을 놓고서 아린 자리 삭이러 이곳에 왔었다. 서울에서 직장생활을 할 때인데, 어디서 어떻게 차를 갈아타고 다녀갔는지조차 기억이 흐릿하다. 하지만 나는 분명 강화 땅 이 성곽에 기대어서서 겨울바다의 억센 바람을 그대로 맞았었다. 검정색 바바리차림의 사진 한 장이 아리게도 그걸 증명한다. 제법 고운 모습이다. 입가에 물린 엷은 미소가 더없이 애잔하다. 내면이 온통 그리움으로 차있었지 싶다. 선명치 않은 미래에 대해 고뇌하던 흔적도 역력하고.

그런 나를 위무하던 바다. 찬바람 속에 철썩이던 그 노래가 아련하다. 사람 하나를 가슴에 묻고 그 상처 들여다보러 왔던 이 자리. 여기서 나는 그 어느 바람도 스미지 못하도록 단단히 울을 쳤다. 웬만한 성벽보다 몇 곱절 든든한 벽을 가슴에 겹겹으로….

그런데 20여 년의 세월이 흐른 지금 이 무슨 조화인가. 꿈속의 회포 이후 나는 다시 이곳에 와있다. 소속된 문학기행 팀을 따라와 주절주절 그에 대한 노래를 부르고 서 있다. 마치 어떤 의식이라도 치르는 양 가슴이 뛴다. 우연 치고는 사람 살아가는 일이 참으로 얄궂다. 보이지 않는 어떤 힘에 의해 이끌림을 당하는 것 같기도 하고…. 그 어느 틀로도 가둘 수 없는 게 사람의 마음인가 보다.

누구나가 그렇듯이 젊은 날의 애달픔은 이루지 못한 데서 오는 공통적인 아쉬움일 게다. 그런데도 그것의 색채는 아름다운 성벽으로 남아 정신세계를 에워싼다. 그리움으로 밀려드는 파도야말로 저 혼자 철썩이다 잦아들 것을….

젊은 날의 애달픔은 이루지 못한 데서 오는 공통적인 아쉬움….

요즘처럼 성격 차를 들먹이며 맞는 결별 앞에서는 굳이 시대 탓을 하지 않아도 될 것이다. 하지만 부모형제로 고리 지어진 인연의 틀에서 숨 막힐 듯 옥죄어오던 가난은, 많은 사람의 가슴에 생채기를 냈고 한을 남겼다. 이처럼 혈육의 끈을 저버리고 사랑을 택할 만큼의 배짱이 나에게는 역부족이었다. 내게 있어 첫사랑의 향기는 80년대 초반의 나라살림과 맞물려 애련한 아픔을 아우르고 있다.

숨 쉬듯 자연스레 내뿜어지는 내 푸르른 날의 사랑! 그러나 함부로 꺼내 보일 수 없는 이야기이다. 그 무엇보다 가슴 저리고 그 무엇보다 진귀하여 아름답게 여미고 산다. 스치듯 꿈만 꾸고도 봄 동산을 거니는 느낌에 젖어든다.

이젠 아무래도 마음속의 성벽을 다시 구상해야 할 때인 것 같다. 그전처럼 딱딱한 것은 말고, 지나는 바람 은연중에 쉬어 갈 수 있도록 숭숭한 대나무 발이나 한두 겹 둘러치고 살아야겠다. 옛 사람도 지나다가 슬그머니 들여다볼 수 있도록.

우리가 결혼을 못한 것은
지나간 시대적 가난 때문이에요!
개인의 야망보다는 가족의 굴레에서,
내가 돌보지 않으면 안 되었던 현실을
당차게 외면하지 못한 탓이에요!
나는 주변을 끌어안느라고
당신을 놓았어요!

그리움으로 여는 비원

먼 바다

검은 머리는 유성처럼 흐르는 세월 앞에서 반백이 되었다.
여전히 보리밭의 물결 너머로 '우리의 바다' 가 출렁인다.
그리고 덕수궁의 '별똥 이야기' 도 가슴에 담고 있다.

크고 부드러운 빛의 완성이다.
한 아름 붉은 열정이 천천히 물결 위로 솟는다.
저 눈부신 해 좀 보아!
새벽 바다의 바람 냄새가 좋다.
우리 생애의 첫 목도.
평생 잊지 못할 설렘이다.
하루를 살아도 이렇게 살아야지.
저 빛 가슴에 품고 일생 같이 걸어가자.
영원히 변함없는 우리의 꿈이며 믿음이니까.
새벽 바다를 가르고 돋는 해는 푸르고 찬란하다.

남자는 결심했다. 약속도 일정도 없이 떠났다.
몇 해 전에 뚫린 영동고속도로 보다 더 빠르게
오로지 한 마음으로 강릉을 향해 내달렸다.
부모를 따라가 강릉에서 교편을 잡고 있다고 들었다.
'이 길 끝까지 가서 나의 기다림을 만나리라.'
숨 가쁘게 대관령을 넘은 길 끝에는 출렁이는 바다가 있었다.
그리고 그 바다에는 새벽마다 달려와 돋는 해를 보듬는 여자가 있었다.
비가 오고 바람이 불어도 덕수궁의 그 밤하늘의 '별똥' 을 잊지 않고
그 남자의 말과 눈빛을 품고 사는 '기다림' 이 있었다.

덕수궁의 밤하늘은 별들로 총총하다.
봄밤을 푸르게 긋고 유성들이 낙하를 하고 있다.
고궁의 뜰을 거니는 젊은이들의 속삭임이 익어간다.
도심의 고궁에서 '별똥 이야기' 로 두 사람의 가슴도 뜨겁다.

'당신은 나의 무엇인가.
서로를 얼마나 나눌 수 있을 것인가.
목숨이나 영혼까지도?
정말 그래요!
당신의 영혼까지 사랑해요.
우리 모자라는 것이 많을지라도.'

당신의 영혼까지 사랑해요!

누가 들었을까.
우리의 눈빛이 하나 되어
가슴에 씨앗 한 톨로 떨어지는 소리를.
덕수궁 돌담은 말이 없다.

밭두렁 사이로 빛나던 초록 햇살이 들녘 너머로 사라진다.
들판 끝으로 노을이 곱게 질 때면 보리 이랑의 바람도 부드러운가.
마을마다 초가집 굴뚝에서 저녁밥 짓는 연기가 피어오른다.
저녁을 먹은 후 소년은 무엇에 이끌리 듯 밖으로 나선다.
어느새 어스름 달빛은 밭이며 작은 둔덕으로 내려와 있다.
당산의 팽나무며 논두렁의 미루나무들이 밤안개에 젖어 있다.
그녀가 살고 있는 집으로 걸어가는 치렁치렁한 풀 두렁길도.
말할 수 없는 그리움으로 가득한 소년의 가슴처럼.
보리밭은 초록 물결의 부드러운 속삭임과 빛나는 별 뿐이다.
그 여자애는 지금 무엇을 하고 있을까?
멀리서 밤기차가 지나간다.
어두운 그 골목에는 전등이 호박꽃처럼 피어 있다.

누가 볼까봐 몇 번이고 그 집 앞을 되오는 두근거림.
밤바람에 물결치는 초록의 바다에서 생애 처음,

누군가를 사무치게 생각했던 열두 살의 설렘이다.
하늘이 다르게 보이고 들꽃 하나에서 외로움을 느낄 때,
삶의 바다에서 눈부시게 만난 첫 열정이며 그리움이다.
봄 햇살처럼 순수하고 신비로우며 수줍은 사랑이었으리라.
한숨이 절로 새어나오고 잠 못 드는 밤이 많을 때,
'밤마다 쓴 시는 왜 뚫린 가슴을 메우지 못하는가.'
'왜 성탄절 이브에는 그 애와 교회당에서 밤샘을 하고 싶었던가.'
제 스스로가 답을 알아내야 하는 안타까움이었으리라.
검은 머리는 유성처럼 흐르는 세월 앞에서 반백이 되었다.
여전히 보리밭의 물결 너머로 '우리의 바다' 가 출렁인다.
그리고 덕수궁의 '별똥 이야기' 도 가슴에 담고 있다.
서로를 영원히 떠날 때까지 그 설렘으로 살아갈 것이다.
하루를 살아도 바다를 가르고 솟아오르는 해처럼 그렇게 살아야지.
날마다 함께 꿈꾸며 걸어가는 여정이 되었으면 좋겠다.
우리 오래 바래지지 않은 그 빛깔로 같이 걸어가자.
우리 삶의 바다에서 붉게 돋는 해처럼 그렇게.
신비롭고 순수하며 수줍은 첫사랑이었으므로.

우리 오래 바래지지 않은 그 빛깔로 같이 걸어가자.
우리 삶의 바다에서 붉게 돋는 해처럼 그렇게.
신비롭고 순수하며 수줍은 첫사랑이었으므로.

다리 위에서 만난 인연

송연당

그와 난 그렇게 다리 위에서 만났다.
다리는 머물 수 없는 공간이다.
되돌아오든지 건너가든지 해야 하는 장소.

가끔 그를 생각한다. 그와 결혼했더라면 현재의 나는 어떤 모습일까. 지금처럼 글을 쓰는 작가가 되었을까? 아니면 평범한 주부로 살아갈까. 내 아이들은 어떤 모습일까. 아이들을 생각하면 그와 결혼하지 않은 게 다행이지 싶다. 그만큼 현재의 내 아이들은 내게 행복이고 희망이기 때문이다. 그가 처음 내게 다가왔을 때 그는 나에 비해 저 높은 곳에 있었다. 그런 그와 결혼했더라면 내 삶은 지적 허기를 절감하며 상대적 빈곤에 주려야 했을지도 모른다.

자정이 가까운 시간, 속력을 내어 달리던 버스는 안양천을 코앞에 두고 시동을 껐다. 종점에서 내리는 승객은 하나 아니면 둘. 안양천을 건너야 하는 난 버스에서 내리자마다 단거리 육상선수가 출발선에서 신호를 받은 것처럼 안양천으로 통통통 내달렸다. 드럼통을 옆으로 이어 물에 띄우고 그 위에 나무판자를 댄 임시 가교인 허술한 다리는 발굽소리를 하나도 빠뜨리지 않고 되받아 통통통통 경쾌하게 울렸다. 10여 미터 남짓 나무다리의 중간쯤 왔을 때 누군가 내 뒤를 따라오는 발소리를 느꼈다.

"저, 잠깐만요."

보나마나 불량배들일 것 같아 못들은 척 그대로 당당하게 보폭을 맞췄다. 이럴 때 뛰어가거나 도망치게 되면 상대에게 호기심을 증폭시켜 더 집착하게 만들기 십상이기 때문이다.

"걸음이 무척 빠르시네요. 잠깐 실례해도 되겠습니까?"

그제야 뒤를 돌아보았다. 말소리도 그렇거니와 어투가 동네

불량배 같지는 않았다. 굵직한 뿔테 안경이 지적인 외모를 받쳐 주었다. 이 정도의 남자에겐 약간의 응대는 괜찮다는 판단으로 조금은 까칠하게 물었다.

"왜 그러시는데요?"

내 목소리에 하이 톤을 느끼며 그의 얼굴을 살폈다. 다리 중간에 매달아놓은 백열등 전구가 그의 얼굴을 똑똑히 비춰주었다. 그와 난 그렇게 다리 위에서 만났다. 다리는 머물 수 없는 공간이다. 되돌아오든지 건너가든지 해야 하는 장소.

그는 그 시절 여성들이 바라는 남편감으로 동경의 대상이었던 완벽한 KS 마크였다. 경기고등학교에 서울대학교 졸업. 그에 더해 잘나가는 외국상사 직원. 당시 서울에서 가장 높아 층수대로 불리던 3.1빌딩에 그의 직장이 있었다. 그와 난 고향이 같아 어린 시절을 시골에서 보낸 정서가 통했다. 그는 어릴 때부터 거의 수재로 통해 시골출신으로는 심히 어려운 입시시험을 거쳐 탄탄대로를 달리는 중이었다. 배움에 주린 나는 그를 만날 때마다 포만감과 허기가 교차했다. 그가 내게 보인 친절과 관심과 사랑이 나를 포만감에 휩싸이게 했다면 그와 헤어져 집으로 돌아온 후에는 상대적 지적 빈곤에 허기가 졌다.

그는 내 속내를 알아차렸는지 나와 만나면 미래에 대한 분홍빛 설계도를 그리곤 했다. 나는 사랑이 뭔지도 모르며 그를 만나면 무조건 편안하고 좋았다. 그는 나의 조잘거림에 항상 귀를 기울였고 고개를 끄덕이며 긍정해 주었다. 그와 만나면 내 삶도 자연히 업그레이드되는 기분이었다. 그와 외국 손님을 맞으러 공항에 나가기도 하고 토요일 오후에는 그의 사무실에서 서울 시내를 굽어보기도 했다. Neil Sedaca의 「You Mean Everything To Me」를 흥얼거리며 노랫말이 그와 나를 위해 만들어진 것 같은 환상에 사로잡히기도 했고 석양이 물드는 강변을 걸으며 수잔나를 흥얼거리기도 했다. 군대까지 마친 그는 그 무렵 시골에 있는 그의 부친으로부터 결혼 압박을 받는 눈치였다.

그가 어느 날 진지하게 말했다.

"너와 평생을 같이 하고 싶어. 그러기 위해서 널 더 키우고 싶

내가 물이 되어 줄게. 맘껏 네 꿈을 키워주고 싶어서 그래. 그게 내가 너에게 줄 수 있는 사랑이라고 이해해주면 좋겠어.

다. 대학에 가서 더 공부하면 어떻겠니. 네 머리가 너무 아깝다. 당장 시작했으면 좋겠어. 네가 나한테 부족해서라고 생각하지 마. 다만 너를 보면 목마른 나무 같아서 안타까워. 내가 물이 되어 줄게. 맘껏 네 꿈을 키워주고 싶어서 그래. 그게 내가 너에게 줄 수 있는 사랑이라고 이해해주면 좋겠어."

그는 아주 어렵게 내게 말했다. 절대 오해하지 말라며. 어쩌면 그는 내가 그의 말을 듣고 한없는 낭떠러지로 추락하기 보다는 펄쩍 뛰며 반길 거라고 생각한 것 같았다. 그날 이후 난 그와 다시 만나지 않았다. 아니 만날 수 없었다. 늘 조마조마하던 지적 갈증이 그의 말에 가뭄에 논바닥이 쩍쩍 갈라지듯 상처를 입고 말았다. 그는 나를 처음 만났을 때처럼 버스 종점에서 기다리기도 했고 퇴근 시간에 맞춰 내 직장으로 찾아오기도 했다. 난 더 이상 그 앞에서 초라한 내 모습을 보이기 싫었다. 몇 번의 숨바꼭질 끝에 나는 장문의 편지를 그에게 보냈다.

'나보다 더 잘나고 많이 배워 부족함이 없는 여자를 찾아 행복하게 살라고.'

그는 편지를 받고도 한동안 내 주변을 맴돌았지만 나는 당차게 그를 뿌리쳤다. 그렇게 하는 것이 그나마 내 상처를 스스로 껴안는 몸부림이었다. 얼마 후 그는 외국에 있는 본사로 발령이 났고 그리고 떠나갔다. 그 즈음 내게 목을 매는 남자가 있었다. 바로 지금의 남편이다. 남편은 내 마음을 꿰뚫어 보기라도 했는지 어느 한순간도 나를 혼자 있게 하지 않았다. 그 집요함은 당시 허전한 내게 세상에 하나 밖에 없는 가장 짙은 사랑으로 인식되어 결혼으로 이어졌다. 살아가면서 서로 통하지 않아 벽을 느낄 때마다 그를 생각한다.

부부란 서로에게 윈-윈이 가능한 커플로 만나 서로 채워주고 이끌어주고 격려해주는 것이라면 어쩌면 그는 그런 사람일 수도 있었다. 무심코 텔레비전을 보면서 문득 그의 이름을 상기할 때가 있다. 재계 혹은 경제계의 인사이동 소식이 들리면 혹시 그도 어디 한자리 쯤 차지할 인물인데 싶어 눈을 꽂는 나를 발견하고 스스로 부질없음에 웃음 짓는다.

다리 위에서 만난 사람. 어느 날 인터넷을 서핑하다 어느 인사 동정란에서 그를 보았다. 그도 한 가정을 이루고 아들 딸 낳고 유수한 사업체를 이끌고 살고 있었다. 어느 때는 한 번 연락해볼까 하다가도 곧 부질없음에 속마음을 외면한다. 그저 괜찮았던 사람으로 기억하는 것으로 만족한다. 지금은 안양천에 다리가 수도 없이 생겼고 나무다리를 건너 바삐 걷던 밤길엔 고층 아파트들이 즐비하다. 그 아련한 추억은 내 가슴에만 품고 시멘트 숲으로 전락하지 않도록 간직하고 있다.

못다 꾼 꿈

김학

'임이시어, 우리의 사랑이 영원하도록 지켜주소서.
당신이 오상고절傲霜孤節의 절개로 사랑의 승리자가 되셨듯이,
우리에게도 우리의 사랑을 지킬 수 있는
힘과 용기와 지혜를 주소서!'

아사달은 날마다 사랑이 찰찰 넘치는 두툼한 아사녀의 편지를 받아보는 것이 크나큰 즐거움이었다. 언제나 편지 끝머리에는 '당신을 사랑하는 아사녀로부터'란 글귀가 씌어져 있었다. 그녀가 왜 자신을 아사녀라고 했는지, 아사달은 그 이유를 몰랐다. 그녀가 스스로를 아사녀라고 하다 보니 그는 저절로 아사달이 될 수밖에 없었다.

아사달은 직장의 동료인 S양으로부터 그녀의 친구 아사녀를 소개받았다. 그들은 인사를 나눈 다음, 누가 먼저랄 것도 없이 첫눈에 사랑의 포로가 되고 말았다. 그들은 자연스럽게 자주 만났고, 만나는 도수가 잦아지면서 상대적으로 사랑의 탑을 높이 쌓아올리게 되었다.

아사녀는 K읍에 살았고, 아사달은 K시에서 하숙생활을 하고 있었다. 그들은 백여 리 길도 멀다하지 않고 주말이면 어김없이 만났다. 그들에게 있어서 일주일이란 기간은 너무도 길게만 느껴졌다. 마침내 그들은 일주일에 두 번씩 만나기로 했다.

수요일이면 아사녀가 아사달을 찾아오고, 주말이면 아사달이 아사녀를 만나러 갔다. 그러면서도 그들은 날마다 일기처럼 편지를 주고받았다. 그것으로도 아쉽고 모자라서 시외전화로 서로의 사랑을 확인해야 했다. 이 세상의 삼라만상은 오로지 그들 두 사람의 사랑을 축복해주기 위해 존재하는 것으로 여겼다.

무영탑 슬픈 전설에 얽힌 비련의 주인공 아사달과 아사녀! 하지만 그들은 애써 슬픈 전설을 입술에 올리지 않았다. 그러면서 서로는 이런 다짐을 했다.

'우리는 어떤 시련과 역경에 부닥쳐도 삼국시대의 아사달과 아사녀처럼 비련의 주인공이 되어서는 안 된다.'

먼 산에는 아지랑이가 아롱거리고, 진달래와 철쭉이 수줍은 새아씨처럼 볼을 붉히는 어느 해 봄, 그들은 사랑의 성지순례에 나섰다. 로미오와 줄리엣의 사랑보다도 더 자랑스럽고 위대한 춘향과 이 도령의 사랑을 본받고자 남원 광한루를 찾은 것이다. 그 때 광한루는 새롭게 단장하느라 무척 바빴다. 춘향과 이 도령이 버선발로 달려 나와 반겨줄 것 같은 환상 속에서 그들은 마냥 행복했다. 그들은 손에 손을 마주잡고 광한루 구석구석을 돌아보았다. 누가 보아도 부러운 아름다운 한 쌍이었다.

그들의 발길이 가장 오래 머물렀던 곳은 춘향의 영정을 모셔 둔 춘향각春香閣이었다. 이당以堂 화백이 5년 걸려 춘향 나이 17살 때의 모습을 그렸다는 춘향영정은 붉은색 갑사치마와 연녹색 반회장저고리에 꽃자주 옷고름을 단 차림으로 그들을 반겨주었다. 왼손으로 12폭 치마를 감싸 쥐고 서 있는 춘향이가 금방이라도 볼우물을 지으며 그들의 손을 덥석 잡고 축하의 인사를 건넬 것 같은 모습이었다. 아사달과 아사녀는 두 손을 모으고 기도를 드렸다.

'임이시어, 우리의 사랑이 영원하도록 지켜주소서. 당신이 오상고절傲霜孤節의 절개로 사랑의 승리자가 되셨듯이, 우리에게도 우리의 사랑을 지킬 수 있는 힘과 용기와 지혜를 주소서!'

아사녀는 독실한 크리스천이었다. 아사달은 아사녀의 인도로 주일이면 교회에 나갔고, 예배가 끝나면 산으로 들로 쏘다니며 웃음을 뿌리고, 미래를 설계하면서 행복을 구가했다. 너무도 뜨겁고 축복 받은 사랑이었다.

호사다마好事多魔라더니 그들의 사랑도 신의 노여움을 샀던 것일까?

어느 날, 아사달은 하숙을 옮기면서 아사녀가 마스코트로 사준 한 쌍의 인형 중에서 여자 인형을 잃어버리고 말았다. 아사달은 이상한 예감에 휩싸여 며칠을 불안하게 보내고 있었다. 10여 일이 지난 어느 날, 예고도 없이 아사녀의 어머니가 아사달을 찾아왔다. 아사녀 어머니의 굳은 표정에서 아사달은 심상찮은 사태를 간파할 수 있었다. 오랜 침묵이 걷히고 드디어 최후의 선고가 내렸다.

“좁이와 교제를 끊어주기 바라네!”

그 순간 아사달은 사형선고를 받은 피고의 기분을 생각하고 있었다. 평화롭던 산하가 일진광풍에 휘말리는 것 같은 충격이었다. 청자 빛 하늘이 노랗게 물들고, 단단한 대지가 꺼지는 듯한 혼란…….

눈물처럼 비가 내리던 어느 날, 아사달은 K읍으로 달려가 아사녀를 만났다. 퉁퉁 부어오른 아사녀의 얼굴에서 폭포처럼 흘러내린 눈물의 흔적을 읽을 수 있었다. 아사녀 역시 어머니의 뜻을 거스를 수 없다고 했다. 그들은 대폿집으로 들어가 막걸리 몇 잔씩을 들이키고 주룩주룩 내리는 비를 맞으며 둑길을 걸었다. 대화는 이어졌지만 한 번 얽힌 실꾸리는 풀릴 줄 몰랐다.

"자네가 L양과 오래 연애를 했다는데, 그런 과거가 있는 사람한테 어떻게 내 딸을 줄 수 있겠는가?"

아사녀의 어머니가 들려준 최후의 선고가 아사달의 머릿속을 휘젓고 있었다. 아사달에게는 청천벽력이었다. 그러나 마음을 버선처럼 뒤집어 보여줄 수도 없는 노릇이고 보니 안타까울 뿐이었다. 이런 일이 어찌 아사달에게 닥쳐왔단 말인가? 사랑의 파탄은 피 말리는 괴로움이었다. 얼마나 많은 잠 못 이룬 밤이 지났는지 모른다.

'일생을 살아가다 보면 이보다 더 큰 시련에 부딪칠지도 모르는데 이러한 일조차 감당하지 못하는 여성과 사랑을 지속한다는 것은 피차의 불행일 뿐이다. 가슴 아픈 일이지만 이쯤에서 물러서자.'

마침내 아사달은 결단을 내렸다.

'일생을 살아가다 보면 이보다 더 큰 시련에 부딪칠지도 모르는데 이러한 일조차 감당하지 못하는 여성과 사랑을 지속한다는 것은 피차의 불행일 뿐이다. 가슴 아픈 일이지만 이쯤에서 물러서자.'

아사달과 아사녀는 슬픈 사랑의 주인공이 되고 말았다. 왼쪽 뺨을 때리면 오른쪽 뺨을 내밀라는 종교적인 가르침도, 남성은 여성의 첫 사랑을 원하고 여성은 남성의 마지막 사랑을 원한다는 명언도 아무런 소용이 없었다. 운명의 신은 아사달과 아사녀의 사랑을 갈라놓고 만 것이다. 그들의 사랑은 못다 꾼 꿈으로 끝났다. 40여 년의 세월이 흐른 지금, 그들도 할머니 할아버지가 되었을 것이다.

5월에 만난 그대에게

하영

추억이 없는 사람이 세상에서 가장 가난한 사람이라고 했습니다.
그리움으로 그대를 회상하는 나는
지금 부자 중에 부자라는 생각이 듭니다.
순수하고 아름다운 추억.
지금도 5월이 오면 가슴 설레며 그대를 그리워하는
이 마음은 또 무엇일까요?

5월이면 당신은 언제나 푸르디푸른 모습으로 내 앞에 섭니다. 그대를 만났던 때가 신록이 짙어가는 5월 어느 토요일, 나의 어린 시절을 보살펴 주시던 창신동 아주머니 댁에 놀러 가는 길이었습니다. 단성사 앞을 지나갈 무렵 감색 교복차림에 책가방을 든 핸섬한 그대는 내 뒤를 따라왔었지요. 한 번도 뒤를 돌아보지 않고 빠른 걸음으로 창신동에 도착했고 얼마 후 창신동 막내 아주머니가 들어오면서 대문 밖에 어떤 멋진 대학생이 쪽지를 주면서 조금 전에 들어간 여학생에게 전해달라는 부탁을 받았다며 주었습니다. 쪽지에는 나의 이름과 학교가 궁금하다고 했고 그대의 신분을 알려주는 내용이었습니다. 말 한마디 없이 보낸 쪽지 내용과 단정한 모습에 매력을 느꼈지만 처음 보는 사람에게 나의 신분을 알려준다는 것은 자존심이 허락지 않아 그냥 돌려보냈습니다.

일주일 후 벨이 울려 나가 보았더니 그대가 문 앞에서 미소를 짓고 있었습니다. 너무 놀라 "어떻게 여기를…"했더니 그 이튿날 창신동에 다시 가서 아주머니에게 물었다고 했고 그대는 데이트를 청했습니다. 얼굴이 하얗고 웃을 때 양쪽 볼에 보조개가 매력적이며 귀공자처럼 보인 그대였지만 그 자리에서 따라 나간다는 것이 어색해 나갈 수 없다고 문을 닫고 들어와 버렸지요.

그 후 만나자는 약속의 편지가 세 번째 오던 날, 어느 제과점에서 우린 만났습니다. 그리고 중앙극장에서 「피서지에서 생긴 일」을 보았습니다. 집 앞까지 오는 동안 말없이 걸었지만 말 이상의 감정교류가 있었던 것 같습니다. 그 감정을 무엇이라고 설명할 수는 없었지만요. 그대는 또 편지 할 테니 약속을 지켜 달라는 말을 남기고 손을 흔들었지요. 그런데 그것이 그대와 마지막이 되고 말았습니다.

이틀 후 가정부가 무슨 이유인지 별안간 나가게 되었고 함께 있던 언니가 병이 나서 밥을 해 먹을 사람이 없어 나는 계동 오빠 댁에서 삼청동 친척집으로 이사를 했기 때문이지요. 환하게 빛나는 5월 햇살 속에 싱긋이 웃고 있는 그대의 기억은 마냥 내 가슴을 두드렸지만 하루하루 공부하는 일과 속에서 차츰 잊혀져 갔습니다. 우수수 낙엽 지는 날 계동 오빠 댁에 가서야 그대의 소식을 다시 들을 수 있었습니다. 그대는 편지를 한 통 보내

가끔 인연법에 걸려들어 헤맬 때가 있습니다. 만약 내가 그대와 인연을 맺었다면 지금의 내 자식들은 어떤 모습일까? 또 나는 어떤 모습으로 살고 있을까?

더니 여름내 빼놓지 않고 비오는 날엔 우산을 쓰고 아무 말 없이 대문만 쳐다보다가 해가 저물면 돌아갔다가 다음날이면 여전히 와서 대문을 쳐다보고 있었다는 것이었습니다. 마지막 오기 며칠 전부터 얼굴이 많이 수척해 보였는데 혹시 죽지나 않았는지 모르겠다고 아주머니가 전했습니다. 뒤늦게 받은 편지엔 만나자는 약속 장소가 적혀 있었고 안부 정도였습니다. 그대가 싫었던 것도 아니었는데…. 내가 편지 한 통만 보내 주었어도 다시 만날 수 있었을 것을, 그리워만 했지 만날 방법은 조금도 생각 못했던 내가 참 바보였습니다.

짧은 만남, 계동에서 이사만 안 했거나 내가 조금만 신경을 썼어도 그대와 인연을 맺었을지도 모를 일이지요. 지금쯤 그대도 육십 대 후반에 들어섰을 것입니다. 어디서 어떤 모습으로 살고 있을지 젊은 시절 철없는 여학생 하나 때문에 마음에 상처를 받아 공부에 지장이나 없었는지 40여년의 세월이 흐른 후에야 미안한 생각에 건강하고 행복하게 살았으면 하고 늦게나마 빌어봅니다. 그대도 때로는 젊은 시절을 회상할 일이 있는지요?

가끔 인연법에 걸려들어 헤맬 때가 있습니다. 만약 내가 그대와 인연을 맺었다면 지금의 내 자식들은 어떤 모습일까? 또 나는 어떤 모습으로 살고 있을까? 생각해 보고는 한답니다. 로버트 프루스트의 「가지 않은 길」이란 시가 생각납니다. 누구나 두 갈래의 길 앞에 서지만 결국에는 한 쪽 길밖에 갈 수가 없고 늘 가지 않은 길에 대해 미련을 가지고 산다고…. 내가 가끔 그대를 생각하는 것도 가지 않은 길에 대한 미련일 때문일까요.

추억이 없는 사람이 세상에서 가장 가난한 사람이라고 했습니다. 그리움으로 그 때를 회상하는 나는 지금 부자 중에 부자라는 생각이 듭니다. 순수하고 아름다운 추억. 지금도 5월이 오면 가슴 설레며 그대를 그리워하는 이 마음은 또 무엇일까요?

내가 가끔 그대를 생각하는 것도 가지 않은 길에 대한 미련일 때문일까요.

추억이 없는 사람이 세상에서 가장 가난한 사람이라고 했습니다. 그리움으로 그 때를 회상하는 나는 지금 부자 중에 부자라는 생각이 듭니다.

40년 전 사랑을 불태웠던 그 자리

에트랑

스물일곱 해를 고이 간직했던 육신은 백옥같이 하얀,
마치 설원의 미이라같아 현기증이 날만큼 탐스러웠다.
긴 머리를 묶어 정수리에 핀으로 꽂은 목덜미는
엷은 미소를 머금은 석굴암 본존불보다 아름다웠다.

목덜미를 파고드는 염천 햇살은 뜨겁다. 아득한 수평선을 바라보며 해변에 모래를 쌓은 둔덕에 앉았다. 등줄기를 타고 내리는 땀은 간헐적으로 스치는 갯바람이 달궈진 모랫벌 열기를 식히지 못한 탓이기도 하다. 망연히 망망한 바다를 바라보면 가슴이 탁 트일 것 같고 바닷가에 나서면 가슴속까지 시원하리라 여겼는데…. 귀신 잡는 해병이 주둔한 영일만의 해상기갑부대와의 인연으로 귀한 시간을 얻어 송도해수욕장 가까이에서 수륙상륙 전차가 바다를 달리는 체험행사에 동참하는 행운을 얻었다. 안전수칙과 조 편성을 하는데 꽤나 시간이 걸렸다. 각기 12~15명씩으로 편성되어 모랫벌에 앉아 차례를 기다렸다. 거센 물보라를 일으키며 쇳덩이가 물 위를 질주하는 모습은 아무래도 신기했다. 귀청이 찢어질듯 굉음을 내며 물보라를 일으키고 내달리는 전차의 모습에 40년 전 추억이 환영으로 다가선다.

혜렌은 O모직 회사에 근무하였고 나는 한국석유(주)의 사원이었다. 둘은 우연히 여성잡지의 독자문예에서 펜팔로 만나, 그동안 주고받는 사연이 수 백 통이었다. 뜨겁게 사랑하며 D시와 S군을 오가며 미래의 행복한 꿈을 꾸었다. 둘은 애초에 약속한 편지 100통을 주고받는 다음에 만나기로 굳게 약속하였는데 90여 통을 받은 혜렌이 먼저 에트랑에게 찾아왔다. 미처 연락이 닿지도 않았고, 또한 100통이 수취되지 않은 상황에서 차마 오리라곤 생각하지 못했다. 어렵사리 그날 밤 좁은 하숙방에서 내 누이와 셋이 밤을 지내고 다음날 이른 아침 혜렌은 홀연히 D

시로 떠났다. 이로써 차츰 그리움은 더욱 무르익어 서신왕래는 빈번해졌고 매일같이 편지를 기다렸다. 400여 통이 오갔을 무렵 둘은 편지로 각자 3일간 휴가를 얻어 경주역에서 만나 포항 송도해수욕장에 가기로 했다.

그해 8월은 무더웠다. 인파가 몰린 해수욕장은 젊음과 낭만으로 넘쳐났고 낯선 미지의 바닷가 풍광은 가슴 벅차게 환희로움을 안겨주었다. 주머니 사정을 생각하며 기웃거리다 얻은 바닷가 동명여관. 짐을 풀고 창문을 열고 바다를 바라보니 모터보트가 한낮의 난폭자같이 찢어지는 폭발음을 내며 수면위로 미끄러지듯 달렸다. 형형색색 천태만상의 모습은 젊음과 낭만이 어우러진 한 무리 꽃더미 같았다.

혜렌은 짧고 엷은 견사치마에 T셔츠를 입었고, 나는 여름 베이지색 바지에 짧은 Y셔츠를 입었다. 둘은 한 쌍의 원앙처럼 모랫벌을 걸어 형상강 하구에 잇닿은 방파제로 나갔다. 더위에 쫒긴 피서객들은 다들 바닷물 속에 더위를 식혔지만 둘은 바위 틈에 붙은 따개비와 밤고동을 주우며 한나절을 보냈다. 스물일곱 해를 고이 간직했던 육신은 백옥같이 하얀, 마치 설원의 미이라같아 현기증이 날만큼 탐스러웠다. 긴 머리를 묶어 정수리에 핀으로 꽂은 목덜미는 엷은 미소를 머금은 석굴암 본존불보다 아름다웠다. 게와 꼬막 따개비 등의 수확물을 담을 그릇이 없어 손수건에 싼 채, 갔던 길을 되돌아 숙소로 돌아왔다.

그날 밤 초야. 서로가 이성을 다 깨우친 동갑내기 젊음은 동침하리란 생각으로 밤이 기다려지련만 헤렌과 에트랑의 의식은 본능에 목말라하지 않았다. 후덥지근한 열대야가 지속되는 듯 잠이 오지 않았다. 곁에 누운 헤렌의 가슴에 손을 살며시 얹었다. 불룩하게 솟은 참외 두 개, 단내가 물씬 코를 찔렀다. 펴진 손바닥에 살며시 힘을 주어 호미등대 해안에 세워진 손가락같이 살며시 구부렸다. 따스한 감촉이 환상처럼 느껴지는 순간 헤렌의 손이 에트랑의 손등을 붙잡았다.

"에트랑, 우리 언젠가 말했듯, 그날이 오면 순수한 하얀 백합을 당신에게 드리리다."

나는 한동안 어떤 행동도 할 수 없었다. 가만히 그냥 손을 얹은 채 있노라니 다시 이어지는 말.

"에트랑, 그때까지 참고 기다려요."

아무런 할 말을 잊은 채 그냥 그렇게 잠이 들었다. 뒷날 밝은 햇살이 비치고 영일만 갈매기 울음소리가 창을 두드릴 때에야 잠자리에서 깨어났다. 언제 일어났던지 헤렌은 아침 산책을 하고 온다며 즐거운 표정으로

"잠꾸러기 일어나요."라며 핀잔을 했다.

아침을 먹고 해변을 걸었다. 고등학교 시절 선생님들 눈을 속여 보았던 영화 '해변의 길손' 주인공인 트로이 도너휘와 산드라디 주인공들처럼 손을 잡고 걸었다. 헤렌은 자연스레 노래를 불렀다.

아 목동들의 피리소리들은 / 산골짝마다 울려 퍼지고
여름은 가고 꽃은 떨어지면 / 너도 가고 또 나도 가야지
저 목장에는 늦 여름철이 가고 / 산골짝마다 눈이 덮여도
내 항상 오래 여기 살리라 / 아 목동아 내 사랑아

나직하게 마음을 감동시키는 혜렌의 노래는 어쩌면 이 하루가 지나면 이별해야하는 아픈 마음을 노래하는 것만 같았다. 어디서나 가곡은 남들보다 잘 불러서 인기를 누리는 터여서 이절을 더 부르게 했다.

– 아 에트랑 내 사랑아 / 너도 가고 또 나도 가야지?

왠지 가슴이 메여오는 것 같아 더 부르게 하지 않았다.

늦은 오후 우리는 가방을 챙겨 포항역에서 가을에 만날 것을 언약하며 안타깝게 헤어졌다. D시로 가는 상행선이 S군으로 가는 하행선보다 10분 늦었다. 차창으로 멀어지는 그 모습이 못내 갈대숲 속에 숨어 우는 바람소리같이 그리움을 안겨 줄은 차마 몰랐다.

그해가 다 가는 겨울, 혜렌에게는 각처에서 청혼이 들어온다며, 편지에 애달픈 사연이 적혀왔다. 생각다 못한 나는 기차를 타고 충북 ○동으로 혜렌의 부모님을 만나러 갔다. 짧은 겨울해는 머뭇거리지도 않고 ○동 역에 내리니 저녁이 되었다. 시

골로 가는 시골버스를 타려니 어둠이 먹물처럼 시야를 가렸다. 농촌 정류장에 내리니 캄캄한 밤이어서 저녁을 굶은 채 냉방에서 새우잠을 청했다.

다음날 아침 대궐 같은 골기와집 대문 앞에 섰다. 천석꾼의 집 앞 연못에 잎 진 미루나무 몇 그루 물속에 그림자 드리운 모습이 외롭게 비쳤다. 아침 일찍 건너 마을을 다녀온 혜렌 어머니를 대청에서 뵙고 찾아온 사연을 전했다.

"예의 없이 불쑥 찾아뵈어 죄송합니다. 혜렌과 편지로 사귄지 3년이 되며 서로 사랑해 결혼코자합니다. 허락해 주십시오."

"그래, 먼 길 오느라 수고 많았소. 우리 혜렌과는 혼인할 수 없으니 그냥 친구로 사귀시오."

단호하게 끊어 말하는 대갓집 안주인의 풍모는 여장부 같았다. 더 얘기 하고자 입을 열려는데 별 볼일 없다는 듯 대청에서 일어나며 인사말을 남겼다.

"내 볼일이 바쁘니 먼 길 조심해 가세요."

얼음장같은 냉정함을 표정과 뒷모습에서 읽었다. 흰 피부의 얼굴이 어찌 그리도 냉담할 수 있을까? 산전수전을 다 겪은 듯한 초로初老의 여인이었다. 이야기 할 상대가 일어나 자리를 비우니 더 지체할 수 없어 대청을 내려와 축대 아래를 내려서는데 그 동안 혜렌과의 지난 일들이 가슴에 회오리쳐왔다. 한참을 섰다가 머리를 저으면서 대문을 나서며 혼자말로 다짐을 했다. '어떤 일이 있어도 결혼을 하고 말거야, 나는 결코 포기 할 수가

없다.'

버스정류장에 나오니 지난 밤 함박눈이 많이 쌓여 도로가 끊겼다. 차가 다니지 못하는 시골길 10리를 걸었다. 온 세상이 하얗게 눈 속에 덮이고 아침 햇살에 눈부시게 반짝이는 벌판은 「인간의 조건」에 등장하는 무대를 연상시켰다. '가지'와 '미찌꼬' 주인공을 떠올리고 나도 '가지'처럼 하염없이 눈길을 걸었다.

40년 전 뜨겁게 불태웠던 첫사랑을 떠올리며 먼 추억여행에서 돌아오니 내가 앉은 영일만 넓은 모랫벌은 눈이 시리도록 반짝이며 긴 하루를 넘기고 있다. 나는 여전히 수륙용전차를 타려고 차례를 기다리고 있다.

괴테가 여덟 번이나 찾아와 열정적으로 사랑을 나누었던 마리아네 폰 빌레마Marianne Von Willemer와의 사랑을 읊은 괴테의 시가 생각났다. 하이델베르그 고성의 담 벽에 새겨놓은 명시.

사랑하고 사랑받은 나는
이곳에서 행복했노라.

연시戀詩 한 줄이 가슴을 뜨겁게 했다.

사랑하고 사랑받은 나는
이곳에서 행복했노라.

가을빛 사랑 시 낭송회

오솔길

아~ 그토록 아름다운 '가을빛 사랑 시 낭송회'를
우리 함께 할 수 있다면, 시몬과 다시 만나 함께 할 수만 있다면…

시몬(천주교 세례명)!

어느덧 가을이 왔습니다.

가을이 오면 가을 단풍을 유난히 그리던 시몬 생각이 제 가슴을 두드립니다.

'가을 단풍이 보고 싶은데, 산에 갈 수가 없어요. 다시는 못 볼 것 같은데….'

그때 그 목소리, 전화선을 타고 제게 독백처럼 들려준 시몬의 마지막 말입니다.

그런데 참으로 신기한 일이어요. 그 한마디가 지금도 제 귓가에 쟁쟁하니 말입니다. 그 뿐만 아니라 해마다 가을이 오면, 붉게 물든 산등성이 곳곳에 그대의 모습이 제 가슴등성이를 타고 열병처럼 돋아나니 말입니다.

시몬! 그대는 아시나요? 그때 제 심정을요. 시몬의 저물어가는 목소리에 채찍을 달고 저는 이미 달려가고 있었는데, 그대를 부축이고 단풍이 곱게 물든 가을 산을 향해 올라가고 있었는데, 그러나 주어진 현실은 고작 새장에 갇혀있는 한 마리 새였다는 것을요. 그 무렵 저는, 어머님 간병하기에 잠시도 자유가 없는 몸이었지요. 어머님은 하루 종일 큰며느리인 제게서 잠시도 눈을 떼지 않으셨거든요. 이삼 분이라도 며느리가 안보이면 안절부절 못 하시며 젖먹이 아기 보채듯 부르셨으니까요.

우리 집 앞 가로수의 노란 은행잎은 어머님의 생명줄을 놓아버릴 추세인 양 마지막 잎사귀 마저 떨어뜨리고, 창 너머로 보이는 가을산은 이미 우중충한 겨울의 문턱으로 치닫고 있었어요. 그렇게 가슴만 태우며 가을을 보내던 어느 날이었지요. 그 날은 추위를 몰고 오는 가을비가 아침부터 추적추적 내렸죠. 그 비가 그치면 추워진다기에 바싹 몸이 달았어요. 추우면 뒤늦게 물든 단풍이 얼거나 누렇게 퇴색되어 떨어질 테니까요. 위령성월 마지막인 그날, 연도를 올릴 핑계 삼아 잠깐 잠드신 어머님을 딸에게 맡기고 저의 시댁 선산(걸어서 7분 거리에 있음)으로 줄달음쳐 달렸지요. 사실 목적은 시몬에게 드릴 단풍을 만나러 간 거지요. 해마다 이맘때면 기도하러 다니다가 터득한 것인데, 새로 움튼 갈잎은 그제야 물드는 은밀함을 알고 있었거든요.

어머님의 노여움을 각오한 채, 가을비를 흠뻑 맞으며 혼신을 다해서 마구 달렸어요. 감옥을 탈출한 탈옥수의 줄달음이 그랬

시몬!

돌이켜 보면 우리의 만남은 결코 길거나 자주 있었던 건 아니었지만, 한컷 한컷 선명한 빛깔로 각인되어 깊숙이 꽂혀 있습니다.

을까요? 달렸다지만 제대로 달리지도 못하면서 마음만 바빴어요. 가슴이 터질 듯 심장이 요동치는 거예요. 처음엔 숨이 가빠서 그런 줄 알았는데, 빨갛게 물든 갈잎을 보는 순간 거센 방망이질에 그게 아님을 알았지요. 산등성 여기저기에 만발한 빠알간 단풍을 보자 마치 시몬을 만난 듯, 반가움이 벅찬 감격으로 회오리치는 거예요. 그리곤 뭐에 홀린 듯이 빗속을 누비며 갈잎을 따고 꺾어서 한 아름 넘치게 안고 개선장군인 양 돌아왔지요.

하얀 수건으로 정성껏 물기를 닦은 다음 장독 항아리에 속에 간직했다가, 예쁜 포장지에 싸두었다가, 풀어서 투명한 유리병에 꽂아도 보았지요. 그리곤 식탁에, 거실 화분 곁에, 다시 서재 창가로 옮기기를 반복하며…. 수없이 눈 맞추었던 그 희열과 포만감은 불화산이 무색했지요. 그러나 주어진 현실을 뛰어넘지 못한 채, 한 달이 가고 두 달이 지나 그 곱던 빛깔은 점점 퇴색되어 그대를 뵈러 갈 용기를 잃어갔어요. 설상가상으로 생사의 기로에 계신 어머님께 밤낮없이 매달리다보니, 겨울이 지나도록 바싹 마른 갈잎은 끝내 주인을 잃고 말았답니다.

시몬! 돌이켜 보면 우리의 만남은 결코 길거나 자주 있었던 건 아니었지만, 한컷 한컷 선명한 빛깔로 각인되어 깊숙이 꽂혀 있습니다. 첫 만남은 7년 전 가을 S성당 기도회에서였지요. 신앙 간증시간이었습니다. '시몬은 희귀성 암 4기 말 진단을 받고 1개월 밖에 생존할 수 없다는 선언을 받았는데, 2년 7개월이 지난 지금까지 생명을 연장해 주신 은혜에 감사드린다.' 는 내용이었어요. 시몬을 처음 본 순간, 빛나는 눈빛에 어우러진 시적인 언어와 이미지의 흐름이, 달빛에 어린 가을빛 숨결 같았어요.

그 밤 연민과 동경, 호기심을 동반한 채로 시몬의 문학 서재에 들어가 밤새워 작품 세계를 엿보기 시작했지요. 시인이면서 칼럼과 콩트, 평론까지 아우르는 다재다능함에 놀랐고, 30여권의 저서 속엔 교양서적을 비롯한 베스트셀러에 오른 책들이 수두룩함에 연신 감탄했지요. 그보다 시몬의 작품 세계는 저를 완전히 녹다운시키고 말았어요. 드넓은 광야를 거침없이 달리는 듯한 필력과 날카로운 사유, 독특한 개성과 자아를 화해하려는 겸허함은 감동 그 자체였어요. 진솔하면서도 진정한 웃음을 머금게 하는 삶의 위트와 깨달음의 여운은, 인생의 멋을 생생하게 잘도 그려내고 있었습니다.

그해 겨울, 그대의 작품세계에 매료되어 '눈꽃시인' 이라는 글을 올린 계기로 우린 대화를 열기 시작했지요. 그러던 어느 날은 만나고 싶다고 요청하셨지요. 만남이라야 시몬의 소속본당인 D성당 저녁 프로그램에 맞추어 만나는 것이 고작이었지만, 만남의 전주곡은 설렘으로 가슴부터 울리는 징 같은 것이었어요. 시몬은 저보다 세 살 연하인데다 시한부 생명임을 잊은 건 아니지만, 늘 야릇한 떨림이 동반했지요. 그날그날 컨디션이 일정치 않은 시몬은, 만남이 있을 때마다 약속을 지키려고 무던히 애쓰셨지요. 만남이 어려운 우리는 주로 메일과 전화로 바람과, 공기, 햇살과 오묘한 자연을 찬미하며 기쁨과 활기를 찾아갔어요.

그러던 어느 날 그대는 몇 권의 책과 함께 하모니카 연주 녹음테이프와 시, 사진 몇 컷을 보내셨지요. 그리고 하모니카 연주를 직접 보여주고 싶다며 초청을 하셨지요. 말하기도 힘든 사람이 하모니카 연주? 그러잖아도 시몬의 하모니카연주를 본 열혈 팬이 홀딱 반했다는 감탄 연발의 글을 읽고 은근히 부러웠거든요. 며칠을 한 달만큼 지루하게 기다린 끝에 호기심 반 기대 반으로 일찍 달려갔지요. 연주회 시간이 꽤 남은지라 단원들과 함께 연습을 하고 계시더군요. 먼발치에서 지켜보는 줄도 모르고 그대는 안타까울 정도로 힘겨워했어요. 안쓰럽게 지켜보다가 바라보는 자체가 괴로워 가까이 다가서자, 그대는 금세 하모니카를 힘차고 감미롭게 불기 시작했지요. 그 모습을 보면서 시몬에게 더욱 기쁨이 되고 희망이 되고 싶었어요. 그대가 가물거리는 심지라면 기름이 되고 불쏘시개가 되고 싶었습니다.

시몬! 기억나세요? 제가 한여름에 채송화를 분양하여 '평화의 마을' 이라는 이름으로 드렸던 일을. 그때 시몬은 그 작은 채송화 화분을 받고 세상에서 제일 큰 선물을 받은 듯이 얼마나 감격하며 기뻐하셨던지요. 그 모습을 보며 제가 덩달아 얼마나 행복했는지 모르시죠? 그런데 한 달도 못되어 잔뜩 풀죽은 메일을 보내셨지요. 시몬은 채송화에게 온갖 정성을 다 쏟았지만, 끝내 소생하지 못하고 시들어 죽은 것을 몹시 슬퍼하셨지요. 자기의 생명과 관계가 있다고 여겨 채송화가 죽었다는 자괴감에 빠져 더욱 상심하셨나 봅니다. 후에 안 일이지만, 채송화는 햇빛을 봐야 한다는데 그걸 모르고 실망을 안겨준 일은 두고두고 마음에 걸립니다.

시몬!

그대가 떠나셨다는 비보를 받던 날, 어머님께만 매달려 소홀했던 날들이 죄스러워 회한의 눈물을 소낙비처럼 쏟아냈습니다. 가을 산에 가고 싶다는 마지막 말을 제 가슴에 파묻고서, 예나 지금이나 보내드릴 마음의 준비를 전혀 못했는데 말입니다. 임관 예절과 D성당에서 문인 협회장으로 많은 문인들의 상당한 예우를 받으며 장례식을 치르고, 장기 기증 차에 의존해 떠나시는 마지막까지 지켜보았지만, 저는 아직도 시몬을 보내지 못했나봅니다. 하여 해마다 가을이 오면 단풍이 곱게 물든 오솔길에서 그대와 시 낭송회를 열곤 합니다.

올 가을은 여섯 번째 '가을빛 사랑 시 낭송회' 입니다. 그대가 고운 단풍잎만 골라 뿌려 놓은 오솔길엔 긴 나무 의자가 정겨운 얼굴로 마주보며 모든 이에게 손짓하고 있습니다. 시 낭송회엔 시와 시몬을 사랑하는 사람들뿐만 아니라, 심신이 괴롭거나 외로운 사람, 번뇌와 고통이 많은 사람일 수록 환영합니다. 우리들은 가을빛 사랑이 담긴 시심만 있으면 준비가 완료됩니다.

자~ 그럼 시작해 볼까요. 시몬을 그리는 저희에게 가을의 서정이 담긴 시 노래를 그대 특유의 매력적인 음성으로 멋지게 낭송 해보셔요. 이벤트로는 시몬의 기타연주나 하모니카 독주가 좋겠어요. 가을의 정서와 사랑이 담긴 곡이면 더더욱 좋겠지만 평소 시몬이 즐기시던 곡이면, 시몬의 숨결이 녹아든 곡이면 상관이 없습니다. 아니, 무조건 다 좋겠습니다. 우리는 고운 단풍이 깔린 벤치에 살며시 누워 시몬이 주최하는 문학의 향연에 마음껏 취해 보렵니다. 이승에서 못다 읊은 시몬의 주옥같은 시어와 영혼이 어우러진 시 낭송회는 참으로 아름답고 고귀할 것입니다.

아~ 그토록 아름다운 '가을빛 사랑 시 낭송회'를 우리 함께 할 수 있다면, 시몬과 다시 만나 함께 할 수만 있다면….

그대가 고운 단풍잎만 골라 뿌려 놓은 오솔길엔
긴 나무 의자가 정겨운 얼굴로 마주보며
모든 이에게 손짓하고 있습니다.

고백

감이 익을 무렵

그는 아마도 나를 몰라본 듯 했지만
옛 모습이 그대로인 그를 금방 알아 볼 수 있었습니다.
나는 쓰레기통에 커피를 후닥닥 버리고 큰 기둥 뒤로 숨었으나
다리가 떨려 그 자리에 풀썩 주저앉고 말았습니다.
친척들이 나를 부르다가 하나 둘 떠났고,
그가 탄 차가 내 앞을 스쳐 멀리 사라졌습니다.

이 세상에 과연 진정한 사랑이 있는 것일까요. 어제의 마음이 오늘 다르고 오늘의 마음이 내일 어떻게 변할지 모르는데, 그래서 내 자신도 나를 신뢰하고 믿을 수 없거든요. 하지만 내 마음속에는 한 남자가 있었습니다. 사랑이라는 단어를 떠올릴 때, 그리움이 찾아 드는 외로운 순간에, 견디기 힘든 고통과 고생 속에서 아플 때도 기쁠 때도 외로울 때도 그 한 남자는 늘 내 안 깊숙이 자리하고 있었습니다. 세월이 흘러 이제 생각하면 할수록 더욱 희미하고 감질나게 점점 아득해졌습니다. 사랑…. 그래요 사랑이란 곧 아득한 그리움이었습니다.

그를 처음 만난 곳은 고등학교 2학년 교회에서였습니다. 교회 고등학생부 회장 부회장을 뽑던 날, 그가 회장 추천을 받았을 때 뒤에서 관심 있는 여학생들이 수군수군 거렸습니다. "저 학생이 S장로님 아들이야. 참 괜찮은 애래."

그 순간 나도 그에게 관심을 갖게 된 것 같습니다. 교회 나온 지 얼마 되지 않아 그는 회장이 되지 못했지만 나는 부회장이 되었습니다. 몇 달이 지난 후 할 말 있다는 그를 따라 교회에서 밖으로 나가 걷다가 검도를 하던 패거리를 만났습니다. 나는 그들에게 둘러싸여 희롱을 당하고 그는 끌려가서 실컷 두들겨 맞았습니다. 그 사건이 사춘기인 그의 자존심을 무척 상하게 했나 봅니다. 그 일이 있은 뒤부터 그는 학교생활에 충실하지 못하고 주먹을 휘두르는 아이들과 어울리며 기타 하나 들고 가출을 하는 등, 완전히 다른 사람이 되어 갔습니다.

어느 날 교회 예배가 끝나고 집에 가려고 나오다가 교회 앞 전선주에 기대어 서있던 그와 마주쳤습니다. 할 이야기가 있다는 것이었어요. 나를 기다리며 교회 밖에 서있자니 악마가 천사를 기다리는 것 같았다고 했습니다.

"너를 보면 어려운 수필을 보는 것 같고 나는 저질 만화 같으니, 너는 조금 유치해지고 나는 조금 향상시켜 재미있는 소설쯤으로 우리 사이를 좁히면 어떨까?"

나는 그의 진지한 부탁에 정말 알 수 없는 이끌림을 느꼈습니다. 그의 집은 우리 집과 학교를 오가는 길목에 있었습니다. 가끔 내가 길에서 그의 집 창문을 노크하면 그가 로미오처럼 창문을 열고 나타났습니다.

사랑….
그래요 사랑이란
곧 아득한 그리움이었습니다.

‘오가며 그 집 앞을 지나노라면 그리워 나도 몰래 발이 머물고 오히려 눈에 띌까 다시 걸어도 되오며 그 자리에 서졌습니다. 오늘도 비 내리는 가을 저녁을 외로이 이집 앞을 지나는 마음 잊으려 옛날 일을 잊어버리려 불빛에 빗줄기를 세며 갑니다.’

내가 그 시절부터 지금까지 좋아하는 가곡입니다.

예쁜 사과나 자두를 깨끗하고 반짝반짝하게 닦아 그의 집 대문에 굴려 넣어주고, 불 켜진 창문을 노크 하여 모의고사 시험지를 받아 서로 나눠보던 기억이 아름답습니다. 원하는 대학에 들어가 대학생이 되면 당당하게 만나자던 우리였지만 우리의 꿈은 좌절 되었습니다. 그는 서울에서, 나는 지방에서 공부하며 서로를 그리워하던 어느 날 크리스마스였습니다. 갑자기 나타난 그가 나에게 교회에 가자고 했습니다. 그의 의외의 행동에 나는 말 없이 따랐고 우리는 자그마한 교회에 들어갔습니다.

“기도하면 멋이 없으니 생각만 하자.”

그의 말에 정말 많은 생각을 했습니다. 그리고 우린 서로 헤어져 남남이 되었고 그 뒤 서로 만날 수 없었습니다. 많은 날을 그 때문에 울었고 그리웠습니다. 꿈에 가끔 보았는데 그때마다 옆모습이거나 뒷모습이었습니다. 먼빛으로라도 정말 한번쯤 만나고 싶은 그였지만 찾아 가서 만날 수는 없었습니다.

할아버지가 돌아가신 날 남동생과 학연으로 통해 온 조화에서 그의 이름만 봤습니다. 그는 건재하였고 ○○주식회사 대표가 되었고 동생과는 가끔 만나고 있었습니다.

거짓말처럼, 그리웠던 그를 한번 볼 수 있었습니다. 삼촌이 영국으로 유학을 가던 날 친척들이 많이 모였고, 고모와 커피를 마시려고 공항 밖 커피 자판기에서 커피를 빼 두 손에 들고 돌아 선 순간, 내 앞으로 꿈에도 그리웠던 그가 걸어오는 것이었습니다.

그는 아마도 나를 몰라본 듯 했지만 옛 모습이 그대로인 그를 금방 알아 볼 수 있었습니다. 나는 쓰레기통에 커피를 후닥닥 버리고 큰 기둥 뒤로 숨었으나 다리가 떨려 그 자리에 풀썩 주저앉고 말았습니다. 친척들이 나를 부르다가 하나 둘 떠났고, 그가 탄 차가 내 앞을 스쳐 멀리 사라졌습니다.

이 세상에

과연

진정한 **사랑**이

있는 것일까요.

내가 사랑했던 사람, 그리웠던 사람, 잊을 수 없던 사람….

그러나 내가 그를 만나지 않고 그에게 나서지 않고 아름답게 순수한 마음으로 마음에만 간직하고 있었던 것이 이제야 생각해보니 얼마나 다행인지 모릅니다. 만나고 싶은 욕망으로 만나서 내가 실망하거나 그를 실망시키고 잊혀져가는 것보다 추억의 한 모퉁이에 그리움으로 그에게 남겨지고 싶은 것은 헛된 바람일까요.

나는 그를 떠올리면 지금도 애절한 그리움이 일어납니다. 그 옛날 고운 추억의 갈피에 머물고 있기에, 어쩌면 다시는 그날들과 그가 돌아 올 수 없기에 더욱 그립고 아름다운 것이겠지요.

너와 함께 그 길을 갈 수 없었다.

자수정

인생길을 바다에 나가는 큰 강에 비유해서
너는 옆으로 새거나 휘도는 샛강이 몇쯤은 있어야 아름답다했고
나는 어쨌든 샛강이나 여울목 많은 길은
결국은 상처만 남는다면서 동조하지 않았다.

달빛만 교교하게 비추는 밤이다.

너는 갑자기 나를 끌어안아 입술을 훔치고선 침묵한다. 풀벌레 소리조차 멈추어 버린 듯 정적이 감도는 여름밤이다. 무작정 걷다가 당황 느닷없음에 어떠한 몸짓이나 표정도 어색하고 달빛조차 부담스럽다. 여름이 끝나지 않았지만 나는 내일 직장을 그만 둘 것이라는 생각만 마음속으로 다지며 그냥 걸었다.

너를 처음으로 대면한 지는 불과 석 달쯤 전이다. 내가 다니는 직장에 인사차 와서 자기소개를 할 때는 나도 내 동료들처럼 무심한 태도였다. 적어도 주말에 친구를 만나기 전에는……. 자신의 이종오빠가 보건의가 되었는데, 내가 머물고 있는 곳이라며 이미 자신의 오빠에게도 나에 대해서 말해두었다고 한다. 퇴근길에 우연히 만난 너는 저녁을 같이 먹자고 막무가내로 나를 이끌었고, 나에 대해 알고 있으며 친구의 사촌오빠라는 점이 분위기를 유연하게 해주었다. 주로 화제가 친구 이야기였지만 네가 대학신문사 서클 활동에 대해 말할 때는 눈빛이 빛났다. 안톤 체홉과 찰스 디킨스를 나에게 묻고는 내 대답에 흐뭇한 미소를 지으면서 대화의 지평을 넓혀가고 있었다.

가끔씩, 아주 가끔씩 우리는 같이 식사하고 시와 소설이나 인간의 존재에 대해 대화하며 그동안 소통에 굶주린 듯 허기를 채웠다. 너는 참 박식했고 의학적인 용어도 사례를 들어가며 많이 가르쳐 주었다. 석양녘에 키가 큰 포플러 나뭇길 사이로 걷거나 조약돌에 별빛이 쏟아질 때까지 강둑을 걸으며 정신과나 부인

과에 관한 얘기를 나눈다는 것은 무미건조한 이곳 생활에 생기를 주는 일이다. 너는 내 남자친구인 K에 대해서도 알고 있지만 묻지 않는다. 너의 다양한 방면의 얘깃거리에 매료되어 더 이상 친구 얘기로 시간낭비는 하지 않아도 되었다. 문학 쪽 외에 아는 소재가 없는 나로서는 가끔씩 너의 말에 추임새를 넣는 정도였지만 말이 고팠던지 진료했던 환자 얘기나 정기적으로 검사를 받아야 하는 직업여성들의 일화도 대화에 끼어 넣었다. 다만 샛강이나 여울목에 대한 너의 관점에 동의할 수 없어서 그 문제로 우리는 한참 동안 토론해야 했다. 인생길을 바다에 나가는 큰 강에 비유해서 너는 옆으로 새거나 휘도는 샛강이 몇쯤은 있어야 아름답다했고 나는 어쨌든 샛강이나 여울목 많은 길은 결국은 상처만 남는다면서 동조하지 않았다. 너는 부드럽게 말했으나 톤을 올리며 반박하는 내 말에 웃으며 고개를 저었다. 키도 체격도 보통이고 그다지 잘 생기진 않았지만 너는 선한 눈매와 자상한 말투로 여자들에게 꽤 인기가 있었다.

진료실과 숙소는 마루와 방으로 이어지는 동선으로 되어있지만 중문만 닫으면 독립적인 공간이다. 악보대 위에 악보를 펼쳐놓고 아주 진지한 표정으로 바이올린을 켜는 너는 가끔 나를 바라보며 매끄럽지 못한 연주를 변명하듯 어색한 웃음을 지었다. 가끔 연주회를 다녔지만 피아노나 바이올린 아니 하모니카라도 아직까지 나만을 위해서 연주해 주는 누구도 만날 수 없었다. 하긴 K는 내 귓가에 수없이 노래를 불러 주었지만……. 멀리 떨어져 지내다보니 애조 띤 선율은 그 밤 나를 더욱 외로움에 빠지게 만들어버렸다. 어쩌면 넘어서는 아니 되는 선을 넘을 것 같은 환상으로 혼란스러워 아무런 말도 없이 일어섰다. 너는 의사였기에 아프다는 핑계도 소용없었을 테니까. 바래다주려는 너는 내 고집을 꺾지 못하고 비가 오려는 듯 달빛도 없는 깜깜한 밤에 나 혼자 가도록 내버려두어야만 했다.

어스름한 저녁, 무심히 툇마루에 앉아 있는데 대문 앞에 서성이는 너를 보고 놀라서 다짜고짜 따라 나섰다. 한참을 말없이 걸었다. 그때 그렇게 내 거처로 와 버리고 난 후 한 달도 넘게 만나지 않았다. 그러다 저번 주말에 정류장에서 작은 화분을 손에 든 그녀와 함께 있던 너와 마주쳤지만 그냥 목례만 나누었다. 나는 동료들과 집으로 가는 버스를 기다리고 있는 중이고, 너는 막 버스에서 내린 그녀를 마중 나온 참이었다. 그녀는 보통 키에 약간 말랐지만 별다른 특징 없이 그저 그런 인상이었다. 그녀의 옆에 있는 너는 언뜻 보기에도 얼굴이 어두웠다. 그리고는 오늘 나의 거처에 와서 무작정 나를 데리고 나가 걷기만 하다가 기습적으로 너의 마음을 표현했지만 나의 마음은 이미 생각을 밀어버리기로 정리가 된 뒤여서 덤덤히 이 순간을 받아들였다. 내 마음에 작은 파문이 일었던 것은 사실이나 이 여름을 끝으로 직장을 그만두기로 작정하고 서서히 주변을 정리할 참이었다. 오늘 그 시기를 조금 앞당기려고 마음먹은 것 뿐이었다. 너는 그녀에 대해 말하기 시작하였고 나는 그 사연에 얼마

간의 연민을 갖게 되었다. 한 학년 선배인 그녀와 대학 신문사에서 만나 사귀었고, 너무나 노골적이고 부끄러움이 없는 그녀에게 애정이 식어서 자꾸만 피하는데 자신의 어머니에게 도움을 요청하며 집까지 들락거려 여기까지 오게 되었다는 이야기다. 그녀는 너의 뜻과는 상관없이 자신이 개업의가 되어 줄 것을 은근히 바란다며, 자신의 어머니조차 그녀와 뜻이 같다고 했다. 조지 스티븐스 감독의 '젊은이의 양지' 는 그 즈음에 본 영화다. 몽고메리 클리프트는 외롭게 지내다 여공을 사귄다. 그러나 눈부시게 아름다운 엘리자베스 테일러를 만난 뒤 진정한 사랑에 빠진다. 결혼을 조르는 여공은 임신을 했다며 연인에게 모든 것을 폭로하겠다고 협박을 한다. 그러는 여공을 유인하였지만 차마 죽이지 못하는데 말다툼을 하다 배가 뒤집혀서 여공이 익사한다. 클리프트는 면회 온 테일러를 보는 순간 직접 실행하지는 않았지만 진정 자기가 살의가 있었음을 깨닫고 순순히 사형을 당한다는 내용이다. 영화와 같은 상황은 아니지만 너와 너의 그녀, 사랑이 식은 남자에게 일방적으로 결혼을 요구할 수 있는 걸까, 그러면 그럴수록 더 정이 떨어지지 않을까 하는 연민이 생긴다. 혼인빙자간음죄로 옥죄는 것은 의무만을 강요하는 결혼 생활이 될 것인데 피차 불행할 것이다. 하지만 나는 너에게 아무런 말도 해 줄 수 없었다. 그리고 나는 너의 마음을 받아 줄 수가 없었다.

나는 내 남자친구 K와 취미가 아주 다르다. 성격도 다르고 좋아하는 음식도 다르다. K가 워낙 말수가 적어 서로 공감하며 주고받은 말도 별로 없는 것 같다. 그동안 나는 K와 어떤 얘기를 나누며 지내왔던가. 의문이 들 정도다. 그래도 같이 있으면 언제나 따뜻한 마음이 느껴졌다. 그런 느낌은 처음 만났을 때부터 똑같다. 오랜 연애 기간 동안 변하지 않았던 느낌이다. K를 만나기 전에 몇 번의 교제가 있었으나 마음의 틈을 느끼는 순간 사랑에 의심이 가서 돌아서곤 했다. K와 멀리 떨어져 지내는 동안 너와 가까이 지내다 하마터면 내가 그 틈을 만들 뻔했다. 너는 나쁘지 않았다. 인생의 샛강이 없어야한다는 것만은 K와 내가 같은 생각이라고 믿어져서 나는 K에게 가려고 한다.

내가 결혼 준비에 정신없을 무렵 오빠가 가출해서 소식을 끊었다고 친구가 내 눈치를 살폈다. 친구는 우리 관계를 아는 것일까. 또 몇 년 후에 친구로부터 너의 소식을 들었다. 진통이 심하였으나 결국은 그녀와 결혼하고 지방의 소도시에서 개업하고 아들도 낳았다고 한다. 그래 그렇게들 사는 건가봐.

사랑하고
사랑받은
나는 이곳에서
행복했노라

그림자,
연인

앞으로 가는 그림자

도적같이 오는 사랑은?

윤자명

꿈은 아니겠지.
연애감정이 어떤 건지도 모른 채
일생을 마칠 것 같은 여자를
하나님이 불쌍히 여기신거야.

지방에 살다보면 서울은 정말 특별시다. 가끔 서울에 갈 때면 특별시에만 존재하는 뭔가를 찾느라 눈에 힘을 주고 다닌다. 택시를 타도 "저 큰 건물은 뭐지요?" 묻기 바쁘다. 얼마 전 서울 나들이도 그랬다. 결혼식과 출판기념회로 가는 발걸음은 가볍기만 했다. 비좁게 느껴지던 KTX 좌석도 쾌적했고 2시간 40분이 조금도 지루하지 않았다. 시댁 쪽 결혼식 참석이야 의례적 체면치레이고, 그 보다 대학로에서 있을 동인의 출판 기념회에 가는 일이 진짜 목적이었다. 솔직히 말하면 책을 내느라 고생한 동인의 얼굴이나 책보다 더한 관심사가 있었다. 얼마 전 텔레비전 인기 드라마에서 주인공으로 엄청난 시청률을 올린 국민 배우를 보게 된다는 사실이었다.

'어떻게든 같이 사진이라도 찍어 가야지,' 한마디로 염불보다 잿밥에 마음이 가 있었다. 특별한 출판기념회는 예상했던 대로 색달랐고 분위기가 특별했다. 마이크 앞에 선 사람들은 모두 꾀꼬리 같았고, 거기다 특별히 작사 작곡한 음악까지 들을 수 있어 문화적 호사를 한껏 누렸다. 국민배우 옆으로 따라 붙어 사진을 찍으랴, 지인들과 인사 나누랴, 정신없는 사이 시간은 이미 두 시간이 후딱 지나고 있었다. 또 다시 지방에 사는 사람의 비애를 절감하지 않을 수 없었다. 행사의 대미라 할 수 있는 뒤풀이를 즐기지 못하는 아쉬움이라니…. 참석한 면면들이 전부 다 문화계에 영향력이 있어서 눈도장이라도 찍고 싶은 사람들이었다. 하지만 어쩌랴. 내려가는 막차를 놓치면 그 또한 낭패인 것을. 부슬부슬 내리는 장맛비를 그대로 맞으며 서둘러 택시를 탔다.

다행히 기차 시간에 늦지 않았다. 북적이는 역구내를 지나 승강장으로 내려가는 에스컬레이터에서 제발 옆 좌석이 비어 있기를 빌었다. 타는 즉시 바로 잠을 자고 싶은 마음이 간절했다. 이제는 즐거운 나들이도 쉬이 피곤해지는 나이다. 숱한 기차 여행에서 옆자리에 그저 날씬한 아가씨만 앉아줘도 행운이란 걸 깨닫고 이내 희망 사항을 수정했다. 고릴라 같은 아저씨만 앉지 말기를. 좌석 번호를 확인하고 창가 자리에 앉았다. 출발 시간이 다 되어도 옆자리에는 아무도 오지 않았다. 그대로 빈 채 동대구까지만 가면 오늘 재수 좋은 날인데… .

드디어 기차가 움직이기 시작했다. 빈 좌석에다 가방을 두고 편안한 자세로 눈을 감았다. 달콤한 잠속으로 미끄러지는 찰나 무슨 소리가 들렸다.

"자리 좀…."

막 달라붙은 잠을 떨치느라 찌푸린 눈으로 쳐다보니 중년 신사였다. 귀 밑 머리가 살짝 희끗한데 중후하면서도 깨끗한 인상이다. 좌석 앞의 간이 탁자를 꺼내어 뭔가 프린트 된 종이에 필기하는 남자를 훔쳐보느라 잠은 벌써 삽십육계 줄행랑을 쳐버렸다.

'분위기가 괜찮은 남자네.' 은근슬쩍 프린트의 글씨를 알아보려고 안간힘을 썼다. 제목이 도연명의 한시 같았다. '선생? 교

수? 아니면….' 이미 잠을 자기는 글렀다. 나는 어느새 가방에서 책을 꺼내고 있었다. 눈이 피로해 글씨가 안 보일 줄 알면서도, 나도 뭔가 좀 그럴듯해 보이고 싶은 본능이 발동된 것이다. '아 참, 유치한 아줌마 지금 뭐하는 시추에이션? 아니 좀 유치하면 어때.' 너무 이성적이어서 여자로 쉰 고개에 이를 때까지 그 흔한 로맨스 비슷한 사연 한 가닥도 없다고 지청구하던 친구 말을 떠올리며 자신을 합리화한다. 옆의 남자가 내 쪽의 책을 슬며시 보는 눈치다. 마침 오늘 출판식에서 받은 책이 주고받은 사람의 이름을 드러내고 있었다.

'이 때 말을 붙여 볼까? 아니 주책이지. 좀 더 기회를 봐. 그러다 내려 버리면?' 목에 간질거리던 말을 참았더니 갈증이 났다. 통로엔 마침 음료 판매대가 지나가고 있었다. 커피 향기가 코를 자극했다. 망설이는 사이 판매대는 저만치 가버렸다. 커피를 사면서 '커피 드실래요?' 한 번 해볼 걸. 책을 보는 척하며 음료 판매대가 다시 오기를 기다렸다. 옆의 남자는 다시 하얀 손으로 뭔가를 쓰고 있다. 얼핏 훔쳐보니 달필이다. 내 안의 호기심과 상상력이 총출동한다. 일찍이 이런 자세로 공부나 글쓰기를 했더라면 출판기념회를 몇 번이나 했을 텐데….

"여기 옥수수수염차 주세요."

바리톤 음성이 매력적이다.

"어, 저도 옥수수수염차…."

얼결에 그렇게 덧붙이고 지갑을 꺼내는데,

"제가 사드리죠."

이런 황감한 일이, 얼굴이 달아올랐다. '햐아! 어필이 된 건가.' 나는 최고의 교양을 갖춰 감사하단 인사와 함께 궁금한 걸 물었다.

"혹 교수님이십니까?"

남자는 물음에 아니라고 하더니,

"작가신가 봅니다."

예상 못한 질문이었다.

"아, 예에~."

틀린 말은 아니지, 뭐. 얼른 옥수수수수염차를 마셨다. 이게 이렇게 구수한 맛이었나? 교수가 아니면? 남자의 분위기에 맞을 만한 온갖 직업을 찾아보았다.

어느 새 동대구에 정차를 알리는 방송이 나왔다. 옆의 남자가 짐을 챙긴다.

"내리시나 봐요."

내가 들어도 아쉬운 투가 역력하다. 이대로 부산까지 가면 금상첨화일 텐데.

"여기서 내립니다. 실례가 안 된다면 책을 한 권 보내주시겠습니까?"

남자가 메모를 건넸다. 자리에서 일어서던 남자가 목례를 하며 말했다.

"눈빛이 참 맑으십니다."

내 눈은 언제 봤지? 화장도 못 고쳤는데, 걸어 나가는 남자의 뒷모습을 눈으로 쫒았다. 온 몸에 열이 나는 것 같은 증상이 갱년기 현상은 아니라고 확신한다. 옆자리가 비어 편한대도 잠은 오지 않았다. 종착역에서 내려 집으로 오는 발걸음이 날아갈 듯했다. 입은 늦가을 밤송이 벙글 듯했다. 밤이라 다행이었다. 이튿날 메모지에 적힌 서울 주소로 수필집을 부쳤다. 친절하게 주소와 이메일, 집 전화 핸드폰 번호까지 적어서 등기로 부쳤다. 사랑은 교통사고처럼 어느 날 느닷없이 온다더니, 살면서 눈빛이 맑다는 소리를 어디서 들어 봤나? 옛날 초등학교 때, 산수 문제가 어려워서 칠판만 쳐다보는 나한테 선생님이 그 비슷한 말을 했었지. 하지만 남자한테서 듣긴 처음이야. 그것도 이 나이에 호감 가는 남자한테서….'

무심코 이메일을 열었더니, 처음 보는 닉네임이 보였다. 어느새 답이 와 있었다. 입에서 환호성이 터질 뻔 했다. 내 인생의 마지막 기회야. 앞으로 점점 호감을 높이면서 잘 해 볼 방법은?

"아들아! 뭐 좀 물어 보자. 남자한테 관심 받는 비법 좀 말해 주라! 엄마 글 쓰는데 참고하게."

거짓말이 저절로 나오고, 유치의 극치를 보이면서도 기분은 최고다.

"별 걸 다 아들한테 물어요. 그런 건 본인 체험으로 써야지요. 작업의 기술에서 표 나게 다가가면 꽝이란 건 아실 테고…."

아들놈은 한 수 가르쳐 준다는 듯 목소리에 힘을 줘서 말했다.

“그러다 싫어하는 줄 알고 깨지면?”

“연애는 고도의 심리전이란 기본도 모르시니….”

메일은 정중하고도 기분 좋은 말들이 길게 이어졌다. 바로 답장을 보냈다. 혹시 부산에 오실 일 있으시면 옥수수수염찻값으로 차를 대접하겠다고, 그것도 미진해서 절친한 멘트를 나열하고서야 보내기를 눌렀다. 속으로 젊은 애들하고 내가 같냐. 혀를 차고는 아들 놈 말을 무시했다. 째까닥 답장이 잘도 오는데, 뭔 작전상 후퇴를? 거기다 핸드폰 문자까지. ‘맑고 순수한 눈빛이 생각난다는데’ 비법 따위는 필요 없고 말고였다.

오늘 아침엔 부산 해운대에 세미나 차 내려온다고 만날 수 있겠느냐는 메일을 받았다. 날짜는 딱 3일 후 토요일이었다. 물론 환영한다고 바로 답장을 날렸다. 머리부터 발끝까지 점검하는 게 일이 됐다. 흰머리가 보이나? 지금이라도 파마를 할까? 옷은 뭘 입지? 신발은? 약속 날을 하루 앞두고는, 한달째 흐리고 비 오던 장마전선이 물러가고 날씨가 불볕 모드로 바뀌었다. 다시 머리부터 신발까지 챙기느라 다른 일은 뒷전이었다. 금요일 밤, 해운대의 멋진 호텔 커피숍에서 그와 차를 마시고 바닷가를 걷고, 다시 반복 또 반복하느라 잠을 설쳤다. 드디어 토요일. 오랜 시간 화장대 앞에서 공을 들였다. 평소에 잘 그리던 눈썹이 오늘따라 옆길로 삐친다. 몇 번이나 다시 그렸다. 향수까지 한 방울 뿌리고 나서야 시계를 보니, 약속 시간이 한 시간 남았다.

휴가철이 지난 해운대는 붐비지 않아서 좋았다. 처음 가보는 특급 호텔인데 찾기도 쉬웠다. 지난 밤 상상했던 것보다 훨씬 고급스런 커피숍에 들어서자, 나도 저절로 우아해지는 것 같았다. 흰 와이셔츠 소매를 접어 올린 신사가 노트북을 들여다보다 말고 나를 향해 미소 지었다. 노트북을 접고는 일어나 손짓으로 의자를 가리킨다. 그리고 하얀 손을 내밀어 악수를 청했다. 나는 인사말도 제대로 못한 채 남자의 손을 잡았다. 부드러운 손에 적당한 힘이 느껴졌다. 아, 이런 감정에 젖어 보다니, 꿈은 아니겠지. 연애감정이 어떤 건지도 모른 채 일생을 마칠 것 같은 여자를 하나님이 불쌍히 여기신 거야.

"커피 드시죠."

"네에, 감사합니다."

감사는 하나님께 돌릴 일이다. 깜빡했지만 출판기념회를 열어 기차 탈 기회를 준 동인한테도 감사하고.

"자매님. 전 서울의 믿음교회 목사입니다. 자매님을 꼭 하나님의 사랑 가운데로 인도하고 싶습니다."

"……."

하나님 맙소사!

이런 감정에 젖어 보다니…

혜성의 꼬리들

최진주

첫째는 건강에 조심해라.
둘째는 공부를 열심히 해라.
그리고 마지막으로는 엉뚱하게도
여자를 조심하라는 부탁이었다.
그러니 그때 나에게 인식된 여자는
사랑의 대상이 아니라 조심의 대상일 수밖에 없었던 것이다.

사랑은 혜성처럼 그렇게 달려오는 것인가? 그러나 용케도 내게서 궤도를 벗어난 혜성들은 사랑이 되지 못한 채 그 희미한 꼬리의 불빛만 남아 삼십 년의 세월 저편에서 반짝이고 있다. 어쩌면 그것은 찬란했던 내 이십대의 영혼에 대한 향수 같은 것인지도 모르겠다.

그때 육군사관학교가 있던 태릉 근처에는 배밭이 많았다. 오후의 강의를 빠지는 날이면 친구들과 어울려서 배밭에 가서 배를 사먹고 노는 것이 큰 즐거움의 하나였다. 어느 날 들뜬 기분으로 떠들며 돌아오는 길에 길 가운데 떨어진 학생증 하나를 주워들었다. 그 속에 붙어있는 여학생의 사진은 충분한 화젯거리가 되고도 남았다. 그러나 나는 우연한 습득물을 얌전히 간수하여 우편으로 부쳐주었으니 그것은 어떤 기대를 간직한 호기심 같은 것이기도 했을 것이다. 그 기대는 적중하여 정중한 감사의 답신이 왔다. 그로부터 두 사람 사이에는 꽤 많은 편지들이 오고 갔다. 사진이며 이름을 소재로 만난 일도 없는 사람에게 무슨 할 말이 그리도 많았던지. 지금 한편의 글을 쓰기 위해서 이다지도 망설이는 것과는 너무도 대조적으로 생각과 감정들이 넘쳐나고 있었던 모양이다. 그러나 그 많은 편지들은 결국 우리들을 만나게 했고 또 헤어지게 했다. 헤어지면서 군이 그동안에 보낸 편지들을 돌려 달라고 했고 나는 열심히 나의 서랍을 뒤져서 한 장도 남기지 않고 찾아서 보내려 애를 썼다 그러나 그 슬픈 듯 화가 난 표정을 잊어버리기까지는 꽤 시간이 걸렸다.

그 시절 나는 꽤 많은 여인들을 만났고 또 열심히 편지를 보냈지만 쉽게 나의 마음을 열지 못했던 것은 나의 아버님의 탓이라 믿고 있다. 내가 중학을 졸업하고 서울로 유학을 떠나던 날 아버님은 큰 가방을 들고 논길을 걸어서 역에까지 바래다주셨다. 별이 보이는 새벽길이었다. 자식을 공부시키기 위해서 먼 길을 떠나보내는 부모의 마음을 그때는 이해할 수가 없었다. 그러나 그 분위기 탓이었는지 그때 아버님이 당부하신 세 가지를 나는 오래도록 명심하고 있었다. 첫째는 건강에 조심해라. 둘째는 공부를 열심히 해라. 그리고 마지막으로는 엉뚱하게도 여자를 조심하라는 부탁이었다. 그러니 그때 나에게 인식된 여자는 사랑의 대상이 아니라 조심의 대상일 수밖에 없었던 것이다.

W는 어떻게 만나게 되었는지 기억이 없다. 그런데도 꽤 오래도록 편지를 주고받았다. 그때 나는 세상에 대해서 불만이 많았던 탓으로 나의 글은 언제나 불평과 불만으로 가득 차 있었고 그녀의 답은 언제나 세상을 긍정적으로 바라보며 사람들을 사랑하며 살도록 타이르고 있었다. 머리를 빡빡 깎아버리고 편지의 임자를 찾아서 마산까지 내려간 나를 그녀는 별로 놀라는 기색도 없이 따뜻하게 맞아주었고, 세수도 않고 지낸다는 나의 편지를 받고 그렇게 살면 안 된다고 타이르는 장문의 글을 보내주기도 했다. 나는 항상 말썽 피우는 학생이었고 그녀는 언제나 착한 선생님의 입장에서 우리의 말들은 오고 갔다. 한참동안 소식이 없더니 어느 날 갑자기 서울에 있는 나를 찾아왔다. 그때

나는 제대를 하고 다시 복학을 해서 꽤 열심히 공부하고 있던 때라 옛날의 불평 같은 것은 없었다. 우리의 오랜만의 만남은 좀 어색했고 서로가 별로 말이 없이 찻집에 앉았다가 헤어졌다. 밝게 웃으며 손 흔드는 그녀에게 나는 할 말이 없었다. 그 후로는 소식을 모른다. 지금은 어디서 무엇을 하고 있는지 알 길이 없다. 그러나 삼십 년이 지난 지금에서야 그때 내가 왜 우리의 입장을 바꾸어 볼 생각을 못했을까 하는 안타까움이 있다. 그녀가 좀 불평을 하고 내가 그 불평을 달래주는 입장의 틀을 이해할 수가 있었다면, 우리의 대화는 좀 더 길어질 수도 있었을 것이라는 깨달음이 있기까지 나는 세상살이의 경험을 쌓고 나이를 좀 더 먹어야 했던 것이다.

나의 군대 생활이 삭막하지 않았던 것은 그동안에 열심히 편지를 주고받은 여인들이 있었기 때문이다. 논산 훈련소로 향하는 열차에 오르는 나를 전송하기 위해서 역에까지 찾아와 건네준 손수건 하나는 고된 훈련 중에 땀을 닦는 나의 마음을 훨씬 가볍게 해주었고, 하얀 봉투에 낯익은 글씨의 편지 봉투가 나의 손에 들어올 때마다 힘든 일과의 꽉 짜인 생활 속에서도 강원도 산야에 피고 지는 이름 모를 꽃들에 눈길을 줄 수가 있었던 것이다. 그러한 밤에는 보초 시간에도 하늘의 별들과 끝없는 대화를 나누는 마음의 여유가 되살아나곤 했다. 설레는 마음으로 휴가를 나와서 찾아간 시골 중학교의 마당에는 벚꽃이 그리도 화사하더니 그 벚꽃보다 더 화사했던 그녀는 내가 제대도 하기 전에 신부의 드레스를 입게 되었으니 이제는 손자를 몇이나 거느리는 할머니가 되어서 어느 하늘 밑에서 살고 있을까?

세상에 사람들이 남녀가 어울려서 살아가는 것이라면 그 만남도 헤어짐도 자연스런 현상이다. 또한 옷깃을 스쳐도 인연이라는데 서로의 가슴속에 담았던 생각들을 나누어갖는 편지들이 수없이 오고 갔다면 그것은 보통의 인연은 넘을 것이다. 그러나 그것이 남자와 여자 사이었기 때문에 서로의 갈 길을 가고 난 후로는 소식조차 알 길이 없는 것이다. 그저 가슴에 깊이 담아둔 비밀이 되었다가 이제 지천명의 나이가 되어서야 혜성의 꼬리 같은 불빛으로 바라보게 되는 것인가?

알 수 없는 남과 여의 친구들이여!

세상에 사람들이
남녀가 어울려서 살아가는 것이라면
그 만남도 헤어짐도
자연스런 현상이다.

그대여, 나를 용서하세요

알리사

조금씩 조금씩 고개를 돌리고
나를 바라보는 일은 하지 마십시오.
시간이 흐를수록 겁이 나고 두렵습니다.
그대에게 더 깊어져
저 깊은 우물 속에
빠져들까 걱정입니다.

먼저 그대가 이 글을 읽을 수 없을 거라는 바람 속에서 펜을 듭니다. 어쩜 이미 그대는 내 마음을 알아차렸을 지도 모르겠습니다만 가능하다면 혹여 알고 있다 해도 아는 체는 말아주었으면 합니다. 글쎄요. 이렇게 가슴 울렁이고 이렇게 하루에도 수십 번 그대를 생각하는 횟수가 늘고 있으니 대체 무슨 일일까요. 이 깊은 나이에도 이럴 수 있는 일인지 도대체 이해할 수가 없을 때가 많습니다.

그대여! 언제부턴가 그대는 내 삶의 길에서 돌부리에 걸린 걸음을 일으켜 세우고 어둠에 쌓인 미로를 밝혀내는 등불이었습니다. 그대가 거기 서 있음으로 모든 삶의 가닥들이 힘이 솟고 내일을 내다보게 합니다. 문득 문득 생각되어지는 그대 때문에 하루에도 여러 차례 고개를 젓습니다. 그대가 곁에 있어 참 좋습니다. 묵묵히 자신의 일에 열심인 그대, 더불어 내게는 늘 힘이 되어주십니다.

그대를 보면 봄날의 꽃나무들처럼 꽃을 피우고 싶습니다. 초록의 잎을 돋아내기 보다 연분홍 진달래꽃처럼, 청아한 백목련처럼 꽃을 피워내고 싶습니다. 파아란 젊음의 날로 돌아가 푸른 언덕을 뛰어보고 싶습니다. 하지만 우리는 저 맑고 푸른 강을 건널 수는 없는 일이겠습니다. 그대는 강 저편에 나는 강 이편에 서서 우리들에게 주어진 삶의 길을 걸어야 하는 까닭입니다. 그러나 그대여! 이 가슴 가득한 번뇌는 어떻게 해야 하는지요.

바람이 한정 없이 불어와 가슴을 후려치고 지나갑니다. 가슴

속 깊이에 스며들어 회오리를 만들곤 합니다. 어떻게 할 수도 없는 일을 마음은 자꾸 이끌고 있습니다. 그대여! 결국 나는 이 마음을 접어야 하는 줄 압니다. 햇살이 빛나면 빛난 크기만큼 상처는 깊어질 테니까요. 오늘은 하늘이 온통 청잣빛 동해 바다 같습니다. 구름 한 점 없는 하늘 위에 그대의 모습을 그려봅니다. 티끌 하나 없이 그대가 선명히 떠오릅니다.

그대여! 이제 내가 걸어온 이 길을 지워버려야 하지 않을까 생각합니다. 매주일 하느님 앞에 앉아 기도합니다. '저의 길을 인도 하소서, 간절히 저를 맡기오니 저를 구원 하소서' 애원합니다. 하지만 그대의 손을 쉬이 놓고 싶지 않은 건 사실입니다. 그러나 이제껏 저에게 보여주던 따뜻한 인사, '식사 거르지 마세요.' '감기 참지마시고 어서 병원에 가세요. 그게 먼저입니다.' 와 같은 말은 하지 마십시오. 조금씩 조금씩 고개를 돌리고 나를 바라보는 일은 하지 마십시오. 시간이 흐를수록 겁이 나고 두렵습니다. 그대에게 더 깊어져 저 깊은 우물 속에 빠져들까 걱정입니다.

그대여! 이제까지의 내 마음속 움직임, 순간순간을 지배하던 모든 흔들림, 그런 것들이 무엇일까 생각합니다. 진정 무엇일까요. 이 깊은 나이의 내가 그대 같은 젊은이에게 당치도 않는 일을 벌이고 있다는 건가요. 아니겠지요. 그런 건 아니겠지요. 그러나 그대여! 나를 용서하세요. 이 말도 되지 않는 그리움 같은 것, 하루의 많은 날들을 그대를 생각하고 있는 일 어찌해야 하는지요. 바쁜 하루 일과 속에 지치다가도 그대의 음성만으로도 힘이 솟는 일 언제부턴가 그대가 길들여 놓은 습관입니다. 그대여 나를 용서하세요.

그대가 전하는 깊은 눈빛만으로도 그대의 따뜻한 마음을 알아차리곤 하지만 그대여, 그대의 마음은 그대의 마음 안에 간직하시고, 내 마음은 내 마음 안에 담아 우리가 다 전하지 못한 마음의 소리는 저 맑은 강물처럼, 저 순연한 햇살처럼 마음 안에 흐르게 해야겠습니다. 다만 그대에게 전하지 못하는 말, 차마 전할 수 없는 말, 이렇게라도 소리 낼 수 있어 다행입니다. 그대는 들을 수 없을 테니까 말입니다. "그대를 사랑합니다."

그대여, 나를 용서하세요.

그대여!
결국 나는 이 마음을 접어야 하는 줄 압니다.

햇살이 빛나면 빛난 크기만큼
상처는 깊어질 테니까요.

능소화 사랑이…

옥치부

마을 토담집 울타리에 능소화가 피어 있었다.
나는 아내를 만난 듯 반가웠다.
소화가 오지 않는 낭군을 기다리며 담장 밖을 기웃거리듯,
아내도 능소화로 피어나 나를 기다린 것은 아닐까.

능소화는 여름 꽃이다. 강렬한 태양처럼 주황과 홍색이 섞인 꽃이다. 황적색으로 관능미 넘치는 매혹적인 꽃이며 또한 품격도 있어 보는 이의 시선을 사로잡는다. 그러면서도 조금은 슬퍼 보인다. 능소화에 얽힌 이야기가 생각나서이다.

궁녀였던 소화가 하루아침에 빈嬪으로 책봉되었다. 하지만 지존과의 동침은 하룻밤으로 끝나버렸다. 복숭아처럼 곱고 궁에서 살기에는 너무나 순진했던 그녀는 궁중여인들의 시기와 질투에 시달리게 되었다. 게다가 지존이 발길을 끊으니 독수공방이 얼마나 적막했을까. 맨발로 달려가 딴방으로 가는 남정네의 발길을 잡을 수도 없어 눈물만 흘리고 애를 태우던 소화는 병이 들고 말았다. 오지 않는 낭군을 기다리다 점점 쇠약해지고 결국은 영양실조로 숨을 거두었다. 한 맺힌 푸념이랄까, 그녀는 유언을 하였다.

"상감마마가 혹시 이곳으로 납시면 소저小姐를 보시고 그냥 지나치지 않으실 터이니 썩을 몸이지만 담 밑에다 묻어주시오."

상궁들이 소화의 주검을 유언대로 해주니 이듬해 그 자리에 꽃이 피고 담장 밖으로 목을 길게 빼고 보는 형상이 마치 임금을 기다리는 것 같아 능소화라 불리게 되었단다.

능소화는 내게도 애틋한 꽃이다. 가족묘지가 있는 기장면 반룡산에 갈 때면 나는 다 큰 자녀들을 떼어놓고 혼자서 간다. 거기에는 불효자를 기다리는 부모님이 계시고 하늘나라에서마저 시부모를 모시고 종부 노릇을 하며 산 아래 심우정사尋牛精舍

에 불공을 드리고 있는 내 아내가 20년째 잠들어있다.

어느 해, 반룡산에 오르는데 아내의 웃음소리가 들려왔다. 깜짝 놀라 환청을 따라 고개를 돌려보니 마을 토담집 울타리에 안에서 밖을 기웃거리는 듯 빨갛고 노란 트럼펫 모양의 능소화가 피어 있었다. 나는 아내를 만난 듯 반가웠다. 소화가 오지 않는 낭군을 기다리며 담장 밖을 기웃거리듯, 아내도 능소화로 피어나 나를 기다린 것은 아닐까. 하늘거리는 그 꽃에 만지기 위해 술래잡기를 하듯 그 집 앞 미나리깡과 농로를 따라 다가갔다. 솔바람 소리, 송뢰가 내 귀를 먹게 했는가. 뜻밖에 아름다운 꽃을 본 생경함 때문인가. 한참 꽃 앞에 서 있다가 그제서야 솔바람에 나부끼는 것을 알았다. 박명薄明에 떠올라 우뚝 선 그녀의 모습은 어느새 숨어버렸다.

사랑하던 사람이여!

사랑은 짧고 정은 길구나.

사랑하던 사람이여!

사랑은 짧고 정은 길구나.

산딸기 사랑

윤활유

내 이름 석 자도 아까워 다 부르지 못한다는 그 분.
그래서 내 이름 끝자만 불러주던 한 사람.
그분은 내게 처음으로 사랑을 가르쳐 주셨습니다.
풋풋한 산딸기 같은 첫 사랑을 말입니다.

빨갛게 산딸기가 익어갈 무렵입니다. 나는 풀숲을 헤치며 빨간 산딸기를 찾아서 헤맸습니다. 가시에 찔려 무릎에 피가 흐르고 쐐기에 물린 줄도 몰랐습니다. 오직, 나의 가슴은 한 줄기 사랑을 향한 뜨거운 불꽃이 피어났기 때문입니다. 나의 사랑은 열정과 호기심으로 빠알간 열망 한 덩이였습니다. 그 분을 떠올려 볼 때마다 눈앞에는 불꽃이 타올랐고, 내 가슴은 어떤 자극보다도 황홀한 전율이 온 몸의 실핏줄을 타고 내렸습니다. 내 이름 석 자도 아까워 다 부르지 못한다는 그 분. 그래서 내 이름 끝자만 불러주던 한 사람. 그 분은 내게 처음으로 사랑을 가르쳐 주셨습니다. 풋풋한 산딸기 같은 첫 사랑을 말입니다.

지금도 하얀 남자 고무신을 보면, 그것을 신고 배구를 하던 그 모습이 선명한 화폭에 그려집니다. 방과 후 운동장 한 모퉁이에서 그 분은 다른 선생님들과 배구를 즐겨했습니다. 금방 씻어 말린 듯한 흰 고무신을 신고서. 유독 큰 눈을 껌벅일 때는 온통 나의 가슴은 울렁거리다 못해 콩닥거리기 시작했습니다. 하숙집 방문에서 불빛이 새어 나오는 것을 보면 깨어 있을 그 분이 나의 그림자를 따라오는 듯했습니다.

어느 날인가, 학교가 끝나고 시내를 돌아다니다 내 발걸음은 그의 하숙집에 멈춰졌습니다. 어떤 핑계를 대서라도 나는 그 분을 보고야 귀가를 하고 싶었습니다. 하숙집 창문으로 왕모래를 던져 보았습니다. 인기척이 없었습니다. 안 계시나 싶어 돌아서려는데 저 골목 끝에서 나를 부르는 목소리가 들렸습니다. 그 분은 내가 지날 시간을 기다리고 있었던 것이었습니다. 놀랐습니다. 그 때 우리는 서로 마음이 통한다는 느낌을 처음 경험했습니다. 하지만 숨겨온 내 속마음이 들킬까봐 골목길을 부랴부랴 달렸습니다. 집에 도착해서도 그대로 잠을 청할 수 없었습니다.

늦은 밤, 다시 친구들을 불러서 동네 어귀에 있는 원두막으로 갔습니다. 원두막에는 먼저 온 총각처녀들이 무리를 지어 앉아 있었습니다. 나는 수건을 푹 눌러쓰고 수박을 잘라서 먹기에 바빴습니다. 어쩌면 나만이 아는 일인 시위였는지도 모릅니다. 우리 친구들은 둘러 앉아있던 다른 무리들의 옆자리를 끼어 앉았는데, 내 등 뒤에서 재미있는 이야기가 들렸고 깔깔대는 웃음소리가 무의식중에 내 귀를 기울이게 했습니다. 어둠속에서도 이상한 느낌이 들었던 순간, 내 등 뒤에서 부드럽게 들려오는 목소리는 바로 그 분이 다른 아가씨들과 이야기하고 장난치는 목소리가 아니겠습니까? 아찔했습니다. 이럴 수가. 아니 저 아가씨들과 어떤 사이란 말인가? 나의 상상력은 끝 간 데 없이 달렸고, 더 이상 수박을 먹을 수 없었습니다. 그들의 관계는 무엇일까? 혹 연인 사이? 작은 전등불 밑에 상기된 여인들의 두 볼이 너무도 아름다웠습니다. 잠시 후, 외삼촌이란 호칭을 부르며 일어서는 것을 보니 한 아가씨는 친척인 것 같았습니다. 그러나 나머지 두 여인은 그 분과 어떤 관계인지 알고 싶었습니다.

오직 나만의 하늘이듯 내가 유일하게 바라보았던 산봉우리를 구름이 가렸을 때처럼 답답한 나날이었습니다. 벙어리 냉가슴으로 가슴 졸이던 며칠 뒤였습니다. 그 분은 나의 미소가 사라진 이유를 알고 싶어했습니다. 나는 어떤 말도 못했습니다. 그 분은 일과 후 나를 교실 뒤 청사로 불렀습니다. 교정은 한적했습니다. 마음속의 빗장을 풀어야겠기에 나는 단도직입적으로 물었습니다. 그저께 야밤에 선생님과 다른 처녀들이 수박농원에 갔던 풍경화를 낱낱이 설명했습니다. 그렇게 예쁜 처녀들과 행복한 자리로 무척 잘 어울리더라는 내 빈정거림에 그 분은 한마디 응수도 하지 않았습니다. 다만 네가 즐겁고 행복하다면 난 너의 행복한 모습을 보는 것만으로 더 행복할 수 있다는, 말도 안 되는 말만 계속했습니다. 철없던 내가 알아들을 수 없는 어려운 주문이었습니다. 사실 그날 밤에 그 분도 원두막에서 얼굴을 가린 나를 보았다고 했습니다. 내 등을 맞대고 앉았던 그 분도 이상야릇한 기분이었다고 했습니다. 이보다 더한 황홀한 고백이 어디 있겠습니까? 까칠했던 턱수염의 감각이 아직도 남아 있는 것 같습니다.

그 후 껌뻑거리던 두 눈망울이 나의 온 세상이 되었고 바라만 봐도 사랑의 전율이 느꼈으며 그 날들. 산딸기를 따려고 아침이슬을 함초롬히 머금은 산야를 헤매었습니다.. 언제라도 소녀인 양 나풀거리는 머릿결을 뒤로 하면서 달려가고 싶은 그날들…. 계절이 바뀌고 세월이 한없이 흘렀어도 그날의 기억은 여전히 영롱한 무지개가 되어 피어납니다. 청순하고 풋풋했던, 조금 덜 익어 더 새콤달콤한 산딸기 같은 맛으로 남아 있습니다.

하지만 부서질 듯 안아보고 싶어도, 찬란한 슬픔을 되돌리고 싶어도, 이젠 지그시 두 눈을 감을 수밖에 없습니다. 내 사랑이 나를 잊었다 해도 나는 서러워하지 않으렵니다. 언제까지나 이 뜨거운 가슴을 그대 향해 열어놓을 것입니다. 그토록 나를 부드럽게 불러주던 목소리가 차마 꿈엔들 잊힐 리 있겠습니까?

저 멀리 내 삶의 산봉우리가 높다랗게 펼쳐져 있습니다. 산 중턱에서 바라본 정상은 아득하게 보입니다. 언제일지 모르지만, 내 인생의 정상에 올라 한 번이라도 크게 외치고 싶습니다. 수줍은 고백을 꼭 하고 싶습니다. 살아있는 날까지 그분과는 시공을 초월해 통할 것이라 믿고 싶습니다. 해마다 산딸기가 익어갈 무렵이면, 묻어 두었던 화롯불에서 불씨는 되살아납니다. 아린 기억 속의 내 첫사랑, 그 이름 석 자, 흰 고무신의 멋쟁이 서.병.채. 선생님.

하지만 부서질 듯 안아보고 싶어도,
찬란한 슬픔을 되돌리고 싶어도,
이젠 지그시 두 눈을 감을 수밖에 없습니다.
내 사랑이 나를 잊었다 해도
나는 서러워하지 않으렵니다.
언제까지나 이 뜨거운 가슴을
그대 향해 열어놓을 것입니다.

가녀린 삶의 언덕

이창옥

이렇게 만남은 상긋한 꽃이 됩니다.
고개를 숙이고 묵상의 세계로 뜀박질합니다.
믿음의 향기는 깊은 성찰에서 오는 것을
이제야 조금씩 터득합니다.

솔빛 청정한 숲의 향기를 마시며 파란 잔디의 무덤 앞에서 사념에 잠겨 어머니를 부릅니다. 핏줄의 넋이 나의 가슴 깊이 스며들어 눈물이 마구 쏟아집니다. 오늘따라 순박하고 착한 아들이고 싶습니다. 이렇게 만남은 상긋한 꽃이 됩니다. 고개를 숙이고 묵상의 세계로 뜀박질합니다. 믿음의 향기는 깊은 성찰에서 오는 것을 이제야 조금씩 터득합니다.

'나는 가녀린 사랑이며 가녀린 모습입니다.'

이는 어머니의 생전의 좌우명입니다. 한결같은 믿음에서 온 어머니의 그림자입니다. 조상이 물려준 울창한 산과 당신의 노작이 빚은 텃밭이 오늘의 빛이 되고 사랑의 열매가 되어, 온 삼림이 거목으로 오늘을 이루게 되었습니다.

어머니가 아니었으면 지조, 의지력, 용기를 잊을 뻔 했습니다. 눈물보다 아름다운 것은 용기와 희망이라 정의하였고, 사람은 흘린 눈물만큼 인생의 깊이를 안다고 하셨지요. 그토록 진리에 고집스러우셨기에 그 강한 애정은 우리를 살지게 하였습니다. 참을 줄 아는 슬기는 늘 어머니 몫이었습니다.

상긋한 풀냄새가 납니다. 이 풀 향기는 어머니의 얼이며 혼의 반김이 아니겠습니까? 노구老軀에도 지치지 않은 그 힘, 산맥이 쩌렁하게 메아리친 음성, 청순한 젊음을 팽개친 그 모습이 모두가 당신이었습니다. 생전의 어머니의 모습이 나의 머리에, 가슴에 자리합니다.

삶은 품앗이 인생인가 합니다. 어머니에게서 무한정 받고 자식에게 아낌없이 주고…. 인생에 있어 가장 무거운 짐은 내 마음에 앉아 있는 무형의 존재가 아닌가 싶습니다. 늘상 짐을 만들어 가면서 허덕이다 해결하면 또 무언가를 만들어 가곤 하지요. 아마도 우리의 생의 종착지까지 풀지 못하고 가겠지요?

가장 아름다운 사람은 세상을 욕심 없이 바라보는 마음의 눈과 맑은 샘물처럼 깨끗하고 따뜻한 가슴을 가졌을 것입니다. 어머니는 아름다우셨습니다. 저는 요즈음 어머니께서 남기신 말과 행동을 새김질 해 봅니다. 아주 미미한 일도 새롭게 새록새록 살아나 어머니를 그리게 합니다. 어머니는 지혜로운 사람은 어느 때나 성내지 않는다는 것과 가장 지혜로운 사람은 진정한 사랑의 의미를 깨닫고 실천하는 사람이라고 했습니다. 이 황금 같은 말을 다시 한 번 가슴에 새기며 어머니의 가녀린 작은 사랑을 그리워합니다.

내 영원한 사랑, 어머니!

나는 가녀린 사랑이며
가녀린 모습입니다.

첫사랑

그리움

그날 그 애는 내 옆자리에 앉았다.
우린 서로 아무 말도 하지 않았다.
서로의 마음이 통했을까.
그 후로 몇 번을 같이 오게 되고 서서히 마음도 나누었다.
얼마 후 우리는 돌아오는 버스를 같이 타고 오는
사이가 되어 있었다.

딸아이가 엄마의 고등학교 시절 일기장을 펼쳤다. 그 속에는 나의 여고생 시절 추억들이 고스란히 담겨 있다. 엄마가 제 나이 쯤이었던 시절에 했던 고민들, 행복했던 순간들을 알아간다는 것이 신기한지 입가에서 미소가 떠나질 않는다. 친구와 다투었던 일, 선생님께 꾸중을 들어서 우울한 날에 썼던 시들, 가만 보면 나는 학창 시절 시를 참 많이 썼던 것 같다. 일기장에는 힘들거나 괴로웠던 일들을 시로 남겨 놓은 것이 참 많았다. 딸아이가 갑자기 눈을 동그랗게 뜬다. 그곳에는 낯선 남학생의 이름과 함께 이별에 대한 시가 적혀 있었다.

나는 고등학교를 직행버스로 통학을 했다. 여학생들과 남학생들로 가득 찬 첫 차는 언제나 만원이었다. 누가 그렇게 하라고 한 것도 아닌데 남학생과 여학생들의 좌석은 지정이 되어 있었다. 뒷좌석이 남아 있어도 여학생들은 가지 않았고, 남학생들 또한 앞좌석이 비어 있더라도 그냥 지나쳐 갔다. 그 애와 난 그곳에서 만났다. 나이는 같지만 나보다 한 학년 위였던 그 애는 제임스 딘을 무척이나 닮은 남학생이었다.

어느 날 집으로 돌아오는 버스에서 한 남학생이 내 친구에게 쪽지를 건넸다. 친구는 쪽지를 읽더니만 입을 비죽거리며 나에게 내민다. 그 쪽지에는 친구의 이름은 있었지만 온통 나에 대한 질문들이었다. 좋아하는 것이 무엇인지, 어디에 사는지, 남자 친구는 있는지 그리고 마지막에는 사귀고 싶은데 한번 물어봐 달라는 내용이었다. 나는 싫다며 고개를 흔들었다. 친구가 나의 뜻을 전해주었는데도 다음날 아침부터 그 애는 그 북적거리는 버스에서 매일 같이 쪽지 편지를 주었다. 하지만 나는 읽기만 하곤 답장을 보내지 않았다. 사실 그때 나도 그 애가 싫은 게 아니었다. 지금 생각해 보아도 내가 왜 그랬는지 모르겠다. 그때 그 애는 여학생들에게 인기가 많았던 것으로 기억된다. 아마도 너무 쉽게 대답을 하면 그 애가 만만하게 볼 것 같아서였지 싶다.

그날 이후로 나에게도 많은 변화가 찾아왔다. 외모에 신경을 쓰지 않았던 나는 거울 앞에 있는 시간이 점점 길어져 엄마에게 꾸중을 듣기 일쑤였다. 버스에서 나를 보고 있을 그 애를 생각하면 절로 콧노래가 나왔다. 그렇게 한 달여가 지난 어느 날, 그날은 친구가 일이 있어 나 혼자 버스를 타게 되었다. 그런데 그때 그 애가 버스에 올랐다. 그날 그 애는 내 옆자리에 앉았다. 우린 서로 아무 말도 하지 않았다. 서로의 마음이 통했을까. 그 후로 몇 번을 같이 오게 되고 서서히 마음도 나누었다. 얼마 후 우리는 돌아오는 버스를 같이 타고 오는 사이가 되어 있었다.

매일 매일 보는데도 할 말이 그리 많았을까. 우리는 하루도 빠짐없이 쪽지를 주고받으며 서로의 마음을 확인 하곤 했다. 그에 대한 마음을 시로 써서 주면 그 애도 시로 화답을 해 주었다. 가끔씩 다투는 날도 있었다. 몇 번의 이별도 했었다. 하지만 우리는 그러면서도 고등학교를 졸업하고 일 년여를 더 만났다. 그러던 어느 날 그 애는 갑자기 군에 가게 되었다. 그때는 왜 그랬는지 우린 서로에게 어떤 약속도 하지 않았다. 그래서였을까. 그가 군대를 간 지 반년 쯤 후에 나는 지금의 남편을 만났다. 풍문으로 그 애는 직업군인이 되었다는 소리가 들려왔다. 그렇게 우리는 헤어졌다.

지나온 시간들 중에 가장 싱그럽던 시절을 함께 했던 그 애가 가끔씩 보고 싶을 때도 있다. 지금쯤 그는 어디에선가 든든한 남편일 것이고, 아빠가 되어 있을 것이다. 우리는 누구나 생애에서 추억하고픈 순간들을 담은 앨범을 가슴에 품고 살아간다. 그것이 누군가에게는 인생의 오르막길에서 목을 축일 수 있는 감로수가 될 수 있을 것이고, 반대로 경사진 내리막길을 내달리는 사람들에게는 엷은 미소를 머금을 수 있는 여유가 될 수 있을지도 모른다.

지나온 시간들 중에서 가장 싱그럽던 시절을 함께 했던 그 애가 가끔씩 보고 싶을 때도 있다.

첫사랑, 누군가 말했다. 남자는 첫사랑을 못 잊고, 여자는 마지막 사랑을 못 잊는다고. 모르긴 몰라도 그 말을 지어낸 사람은 설익은 사랑을 해 본 사람이 아닐까하는 생각이 든다. 첫사랑이란 남자와 여자의 경계를 넘어선다. 어느 누구라도 두 번째 사랑은 없을지 몰라도 첫사랑은 있기 마련이다. 그것이 짝사랑이든 맞사랑이든 그 사람 생각에 가슴이 설레 잠 못 든 밤이 있었다면 그것은 정녕 첫사랑의 희열을 맛본 사람일 테니 말이다. 어찌 그것을 남자와 여자로 구분을 할 수 있을까.

이제는 내가 일기장을 넘긴다. 순간, 달콤한 향내가 시나브로 들어와 가슴을 덥히고 있다.

첫사랑이란…

남자와 여자의 경계를 넘어선다. 어느 누구라도 두 번째 사람은 없을지 몰라도 첫사랑은 있기 마련이다. 그것이 짝사랑이든 맞사랑이든 그 사람 생각에 가슴이 설레 잠 못 든 밤이 있었다면 그것은 정녕 첫사랑의 희열을 맛본 사람일 테니 말이다. 어찌 그것을 남자와 여자로 구분을 할 수 있을까.

수채화

봉희

연서가 아니면 어떠랴.
예까지 오느라 굽이치는 내도 건넜고
서슬 퍼런 능선도 함께 넘으면서
일몰이 되어가는 수순에 당도했다.

지인의 옛 사랑에 얽힌 연서를 접하면서 글보다 앞서 가슴이 젖는다. 너무나도 절절한 연정에 문득, 나도 그런 글 한 편 쯤은 가지고 싶어졌다. 당시에는 죽을 것 같이 아팠겠지만 지금은 상처가 아닌 추억인….

어머니가 막내를 빚으실 때 절세가인까지는 아니더라도 여자로서의 미모를 갖추어주셔야 했는데 그러지를 않았다. 당신의 가치 중에서 가장 빛났던 우윳빛 피부를 다섯 남매 중 막내한테만은 인색했다. 대신, 아버지의 유난히 검은 겉모습을 여러 번의 붓질로 색을 내주셨다. 여자의 고운 피부가 한 인물 한다는 걸 모르는 어머니가 아닌데도 그러하신 건 당신 남편에 대한 깍듯한 예의였을 거라 믿는다. 아버지는 그런 막내딸이 희생양임을 아시는 걸까? 당신을 닮은 번제물을 무척 아끼고 사랑하셨다. 바로 그 번제물이 나다.

붓질 때문인가. 내겐 화초장 깊숙이 감춰둘 만한 옛사랑이 없다. 누군가를 미치도록 사랑해 보지를 못했다. 나 아니면 못살겠다고 죽기 살기로 설친 사내도 없다. 이 일이 늘 허전하다. 세상천지 어디에선가 이 여인을 가슴에 깊이 품고 사는 사내가 하나쯤은 있어야, 젊은 시절 별 일 아닌 걸로 토닥거리면서도 등뒤가 든든하기도 하고 삶이 구차 할 때면 만사를 젖히고 뛰어가는 헤픈 꿈도 꿔 봤을 것 아닌가. 한 두 번 주고 받은 연서야 왜 없을까마는 긴 세월 아프고 목마르지 않았으니 진정한 사랑이었다고는 할 수 없겠지.

이제, 자식으로서의 도리도 부모로서의 의무도 어지간히 마치고 나니 생生은 거스름으로 받아 든 푼돈만큼 남았다. 속절없이 가벼워진 지갑에 안달이 나 죽겠는데, 만만하게 보았던 감기한테 열흘이 넘게 휘둘리고 난 후 이승살이에의 애착이 한결 더 다급해졌다. 몇 걸음 안 되게 남은 이승을 알토란같이 살려면 뭐가 있을까. 자아? 콩나물의 길이도 잴 줄 모르면서 풍류? 기계치를 극복하는 컴퓨터 도사?

궁리 끝에 늦사랑은 어떨까 싶다. 지인의 연서에 자존심이 상했던 내가 아닌가. 절제와 배려가 물안개 서린 두물머리의 첫새벽처럼 신선해, 아름다울 수밖에 없는 연서 한 통을 쓸 수만 있다면 한 여인으로서의 자존심은 회복되는 거 아닐까! 남들은 외도라 하겠지만 외도가 아닌 외유로, 흉하지도 추하지도 않으면서 누구에게나 공유되는 노년의 로맨스.

구인 광고를 냈다. 친구들의 귀에다 대고 사랑이 오기만 하면 맞이하겠노라며 황홀한 꿈에 빠졌다. 까딱하다가는 불륜이라는 지극히 위험한 불쏘시개임을 인지하지만 인간의 원죄임 또한 부인 못하는 것 아닌가. 사랑만 생긴다면 정수리에서 발끝까지 불붙은 박태기나무는 어떨까. 그래, 그런 사랑, 그런 열기로 남은 시간을 부나비같이 뜨거워 보는 거? 아니야, 그런 거 아니고. 여름 한 철 모시적삼 같은 적당하게 칼칼하면서도 시원한 계절 옷이면 돼. 한 계절 상큼하게 걸쳤다 접어두고 가랑비 추적거리는 날 우전차 향과 함께 꺼내 보는 거. 그런 거!

지인의 연서에 대한 부러움보다는 어쩌면, 톱니 닳아 넘어질 것 같은 남은 삶이 못내 안타까워 링거 같은 핑크빛 수액을 찾고 싶은지도 모른다. 이러한 일은 인간본질이며 숨쉬기의 끝에까지 함께 갈 벗이요 짐이다. 인간 누구에게나 마음의 골방에 깊게 감춰진 군것질 같은 것. 오기만 한다면 냉큼 맞이할 요량으로 어린 날 읍내로 장을 보러간 엄마 기다리듯 먼발치를 살핀다. 경작이 끝난 가을밭처럼 물기 빠져나간 가슴 밭이지만 진달래무더기가 성애처럼 묻혀 있음을 그대는 아는가, 알고는 있는겐가? 당신이라면 혼자 여행을 떠나면서 버스 옆자리의 주인공이 궁금해지던 경험을 모른다 하겠는가? 중년의 여인 몇이서 연말이라는 미명하에 영화 한 편을 보고 골목의 끝 해물전골 집에서 소주로 입 안의 비린내를 헹궜다. 그리고 노래방에서의 탬버린.

갇혀 있던 공기가 확 쏟아지는 현관. 텔레비전에서는 요즘 한창 뜨고 있는 '미쳤어'가 설레발이로 난장판인데도 이빨이 삭

사랑만 생긴다면 정수리에서 발끝까지 불붙은 박태기나무는 어떨까.

아 홈질한 숫사자는 흔들의자의 잠으로 무너지고 있다. 옹색한 갈기 몇 가닥이 미간으로 흐르고 발치께로는 코골이가 질펀하다. 부재중이던 묵은 사랑이 측은지심惻隱知心으로 밀려온다. 그래, '재활용'을 하자. 수중에 있는 불을 살리는 거야. 리필은 얼마든지 가능하지 않은가. 질화로 속의 불씨가 잉걸불처럼 드세지는 않아도 오래 된 생강처럼 유유한데 새삼스레 '구인求人'란을 꾸밀 필요가 있을까. 단지, 낯설고 새롭지 않으니 가슴 뛸 일은 없겠지만 밑불은 되지 않는가.

구인 광고를 보았던 친구들은 새삼스레 수선하고 보수하는 나의 사랑 방식에 관심들이 높다. 본디 먼발치의 그림이 그러하듯 괜찮아 보이는 모양이다. 첫 의도와는 다른 방향으로 인테리어 되어 가는 늦사랑 방식. 은근히 지겨워했던 삼시 세 끼니의 시중

사랑이 오기만 하면 맞이하겠노라며

말고도 하루에 몇 번이라도 가스 불을 켜고 찻잔을 씻으며 더러는, 벗겨진 정수리께의 몇 올 안 남은 갈기 머리도 빗겨준다.

연서가 아니면 어떠랴. 예까지 오느라 굽이치는 내도 건넜고 서슬 퍼런 능선도 함께 넘으면서 일몰이 되어가는 수순에 당도했다. 상대의 어깨에 머리를 얹고 지는 해를 바라 볼 벗이 항시 대기 중이라는 것도 좋은 글 못지않은 그림임을 새삼스럽게 알아 간다. 글 한편을 마칠 즈음에야 지금 가지고 있는 것이 최상의 것임을 알았으니 늦깎이도 보통은 넘는다고 해야겠지. 그저 여일如一하게 바라보기만 해도 되는 석양의 채색을 수채화에 쟁이면서 이른 저녁 후 탄천변으로의 산책을 준비한다.

둘이서 하나이듯이.

황홀한 꿈에 빠졌다.

한때는 사랑했던 그 남자

류경희

'너 없이는 못 살겠다' 에서
'너 때문에 못 살겠다' 로 바뀐 전생 원수를
더욱 적극적으로 처단하는데 있어
남성에게 절대 밀리지 않는 여성들을 보면
양성 평등 교육의 효과가
드디어 나타나고 있구나 감탄하게 된다.

결혼 적령기의 미혼 남녀들 절반이 '결혼은 해도 후회, 안 해도 후회' 라는 말을 결혼에 대한 최고의 '금언' 으로 꼽았단다. 프랑스의 사상가인 몽테뉴도 일찍이 이와 비슷한 어록을 남겼다. '결혼은 새장 같은 것이어서 밖에 있는 새들은 함부로 들어오려고 하나 안의 새들은 밖으로 나가고 싶어 몸부림친다' 현 시대를 훤히 내다본 그의 혜안이 감탄스럽다.

순위에는 끼어있으나 가장 공감대가 떨어지는 속설에 '부부 싸움은 칼로 물 베기' 가 들어있어 흥미롭다. 공감대가 떨어진다는 것은 곧 현실과 괴리가 있다는 의미일 테니, 우리의 젊은이들에겐 부부 싸움은 결코 칼로 물 베기로 끝날 문제가 아니라는 얘기가 된다. 부부 싸움이 칼로 물 베기든 심각한 전쟁이든 간에 부부 싸움을 하지 않는 부부는 없다. 오죽하면 부부 싸움을 하지 않는 유일한 비결은 결혼을 하지 않는 것이란 말장난까지 생겼겠는가. 그러나 칼로 물 베기가 아닌 전생의 원수를 응징하려는 극렬한 전쟁으로 변질되고 있는 젊은이들의 코드엔 적응이 쉽지 않다.

바뀐 것은 부부 싸움의 강도만이 아니다. 일방적으로 당하기만 했던 어머니의 딸들은 부부 싸움에서도 한 치 양보가 없어졌다. '너 없이는 못 살겠다' 에서 '너 때문에 못 살겠다' 로 바뀐 전생 원수를 더욱 적극적으로 처단하는데 있어 남성에게 절대 밀리지 않는 여성들을 보면 양성 평등 교육의 효과가 드디어 나타나고 있구나 감탄하게 된다.

자신에게 손찌검을 하며 다른 여자들에게 한눈을 판 남편을 응징하기 위해 생명보험 4개에 가입한 후 남편과 함께한 여행지에서 세 번씩이나 남편 살해를 시도한 아내가 있었다. 그런데 남편을 살해 시도한 그녀가 징역 7년을 선고받았다는데도 대부분의 반응들이 신통치 않았다. 남편을 살해하려던 과정이 너무나 어설퍼서 시시하다며 실소를 하는 것이 대중의 정서다. 이혼하자는 남편과 부부 싸움을 한 뒤 수면제를 먹고 자던 남편에게 흉기를 휘두르거나, 잠을 자고 있는 남편의 목을 졸라 살해한 뒤 자살로 위장해 경찰에 신고한 경우, 심부름센터에 청탁하여 남편에게 길을 묻는 척 다가가 흉기로 마구 찌르도록 한 독한 아내 정도라야 그런 일이 있었느냐는 반응을 얻을 수 있다니 살인보다 비정한 정서가 더 오싹하다.

양처가 여성의 첫 번째 덕목이었던 예전에도 사나운 아내가 드물지 않았다. 현자들은 악처를 전생의 업으로 체념했다. 그래서 착한 아내를 만나면 행복해지지만 사나운 아내를 만나면 철학자가 된다는 경험에서 우러난 금언을 남겼던 것 같다. 그러나 악처 때문에 철학자가 되었다는 남편의 말에 아내들이 가만있을 리 없었다. 철학한답시고 여자를 돌보지 않았기에 억울한 악처소리를 듣게 되었다는 것이 그들의 변이다. 문호 톨스토이의 아내 소피아 역시 성격이 대단한 여인이었다고 한다. 한날 톨스토이가 친구와 이야기를 하고 있는데 그의 아내가 말끝마다 참견하며 톨스토이를 난처하게 만들었다. 그녀의 행동을 보고 그의 친구가 분개했다.

"자네는 왜 여자에게 본때를 보여주지 않고 참고만 있나?" 그러자 톨스토이가 말했다. "쉿! 목소리 좀 죽이게. 나도 전생에 시도해봤는데, 그래서 지금 이렇게 두 배로 값을 치르는 게 아닌가, 다시 시도한다면 다음 생엔 세 배로 받을 테니 참을 수밖에 없어."

소피아도 자신을 변호하는 글을 남겼다. "나는 젊음이 넘쳐 빙글빙글 돌며 춤을 추고 싶다. 그러나 톨스토이는 펜이라는 도구로 원고라는 딴 여자와 춤을 추고 있다. 그러니 나의 연적인 원고를 찢을 수밖에 없다."

전생의 업이라며 부덕한 아내를 참고 살던 톨스토이는 결국 여든 두 살에 가출, 시골 역의 역장 관사에서 객사한 것으로 알려져 있다. 남편을 집에서 몰아내 쓸쓸히 세상을 뜨게 한 소피아는 저 유명한 소크라테스의 아내 크산티페에 버금가는 악처로 비난받아 왔지만 사실 소피아는 톨스토이의 희생양이었다는 동정론도 있다. 열 명이 넘는 자식들을 낳고 넓은 영지를 관리하면서 톨스토이를 섬겼지만 남편은 다른 여인들을 쳐다보기에 바빠 눈길 한 번 제대로 주지 않았다니 겉만 보고는 속을 짐작하기 힘든 법이다.

부부 싸움을 잘하는 부부가 오히려 성공적인 부부 생활을 한다는 긍정적 부부 싸움론도 있다. 여러 충고 중에서 다툼이 극단으로 치닫는 것을 경계한 부부 싸움 10도道라는 농담이 그럴

듯하다.

'상대방의 힘을 미리 알고 덤비니, 이를 지智라 하며, 비록 상대가 아픈 표정을 짓는다고 해도 흔들리지 않는 것이 강强이다. 상처난 곳은 두 번 때리지 않으니, 이를 선善이라 하고, 싸움 도중에도 두발이나 의상이 흐트러지면 바로 고쳐야하는데, 이를 미美라 한다. 이웃의 싸움을 안타까워하는 것은 인仁이며, 말리는 사람이 있어도 듣지 않고 이기려는 것이 용勇이다. 힘센 쪽이 먼저 사과해야 하니, 예禮고, 살림을 부숴도 값나가는 것은 차마 부수지 않으니, 현賢이라 한다. 주먹을 날리면서도 서로 '나를 정통으로 때리지는 않겠지' 하고 생각하는 것은 신信이며, 싸움이 끝난 뒤 맞은 곳을 서로 주물러 주고 잔해 처리를 함께하니, 이를 의義라 한다.'

나열한 10도道 중에서도 마지막 신과 의를 지킨다면 큰 불상사는 피할 수 있지 않겠나 싶다.

소크라테스는 '어쨌든 결혼을 하라' 는 말을 남겼다. 최고의 악처를 모시고 살았던 덕에 최고의 철학자로 추앙되는 그의 충고가 새삼스럽다.

상대방의 힘을 미리 알고 덤비니, 이를 지智라 하며, 비록 상대가 아픈 표정을 짓는다고 해도 흔들리지 않는 것이 강强이다.

사랑하라, 멋지게 살려거든

김지헌

사랑하며 못 만나는 고통이 따른다 해도
사랑하는 것은 사랑하지 않는 것보다 훨씬 낫다.
사랑하다 잊혀지는 슬픔이 있다한 들
애초부터 사랑하지 않은 것과는 다르다.
사랑은 영원하지 않아서 비동시성으로 인한 고통을 수반한다 해도
오히려 그 이치를 체득한 열정이기에 더 아름다울 것이다.

"엄마, 생신 축하해요. 멋진 할머니 되기 위해 계속 정진하세요."

문자 메시지를 읽으며 혼자만 아는 웃음을 씨익 웃었다. 그리고 그 무렵, 가깝게 지내던 지인에게 그 정황을 말했더니, 아직 할머니 되려면 까마득한 엄마에게 무슨 할머니 운운하느냐는 말로 나를 위로하려 했다. 그 아이가 별난 생일 축하 인사를 한다고 생각했을 것이다. 누구나 빨리 할머니가 되고 싶어 안달인 사람은 없기 때문일 것이다. 그러나 나는 딸의 메시지에 흡족했다.

언젠가 서울에 있던 아이들이 모두 내려왔을 때였다. 거실에 모여앉아 이야기를 하며 시선을 TV에 두고 있었다. 밤 깊은 시간이라 TV 화면에선 헐리웃 스타들의 근황과 화려한 모습을 보여주었다. 타인의 삶에 호기심을 갖고 기웃거려 보기에 느긋한 시간이었던 것이다. 그러다 어느 순간, 내 시선이 화면에 잠깐 머물렀다. 누구였던가. 나이 지긋한 그 여배우를 보며 나는 멋지게 잘 늙어간다고 부러움 섞인 찬사를 보냈다. 나이가 들어서 젊음이 주는 풋풋한 매력은 사라졌지만 대신 삶의 경험에서 오는 여유와 중후함이 오히려 진중한 매력으로 드러나 보였다. 나도 그렇게 늙어가고 싶다고 말했을 것이다. 그러자 딸이 맞장구를 치며 말했다.

"미국의 j라는 여 변호사는 60이 넘었지만 30의 청년과 열애 중이에요. 엄마도 할 수 있어요."

"그래, 할 수 있지. 그런 상대를 만난다면 가능하지. 근데 그게 진짜 사랑일까?"

나이가 들어가면 관념이 늘어간다더니, 사랑에 진짜 가짜가 있을까. 사랑하면 그냥 사랑인 게지. 분류하기 좋아하는 하급 근성이 또 끼어들려 했다.

“괴테는 팔십에 열아홉 살의 안나와 사랑했잖아요. 누구든 사랑하는 동안 진실하면 진짜 사랑이지 않을까요? 여 변호사 커플은 육체적인 사랑만이 아니라 서로를 진실로 위하고 아껴줬다고 하거든요. 젊은이들의 사랑이 다 진실하지 않는 것과 비교하면 비난할 이유가 없잖아요.”

“그 변호사 정말, 멋지다. 나도 그런 능력을 갖고 싶다.”

“음, 엄마도 할 수 있어요. 멋지게 살면 되잖아요. 지금처럼 엄마의 생을 잘 다지면서 살면 나이가 들어도 아름다울 거예요.”

솔깃해진 나는 딸의 말에 눈빛을 빛냈다. 아니 순간일망정 나도 그렇게 사랑해보고 싶다는 꿈을 꾸었을 것이다.

“근데 엄마, 그 멋진 할머니의 조건 중에 경제력이 중요해요.”

“에이, 그럼 난 안되겠다. 경제력은 아니잖아?”

“아니야, 엄마 정도면 충분해요. 사랑하는데 돈만 필요한 건 아니니까. 엄만, 이대로 발전시키면 멋지게 늙을 수 있을 거예요. 그러니 충분히 가능해요.”

“엄만, 차 없는 사람도 괜찮다 했잖아. 엄마 차 있는데 뭐가 걱정이야? 마음을 소통하는 데 그런 것들이 무슨 소용일까?”

“그래도 엄마, 능력이란 건 균형 있게 갖춰지는 거잖아. 찢어지게 가난한 남자가 어떻게 마음의 여유가 있겠어요?”

"아이쿠, 우리 딸이 한 수 위다. 네 말이 맞아."

나는 늘 자본의 천박성에 앙심을 품듯, 사랑에 필수적으로 끼어드는 경제성을 배제시키고 싶었다. 그렇지만 아름다운 사랑을 하는 데에는 배고프지 않을 정도의 경제력은 인정해야 했다.

그날 밤, 우리는 멋지게 늙는다는 것에 대해 더 많은 이야기를 했다. 오드리 햅번처럼 말년에 아름다운 마음을 세상에 남기고 갈 수 있다면 그것도 한 남자를 사랑하는 일 못지않게 멋진 일이라고도 했을 것이다. 예순을 넘기고, 아니 그보다 훨씬 많은 나이를 먹고서도 진실로 사랑하는 일이 가능하다는 사실에 나는 사랑할 날이 많아진 것에 진실로 기뻐했다. 이제 내 생에서 불꽃 튀는, 그리워서 가슴 미어지는 그런 사랑의 시간은 존

아름다운 중년의 그 여배우처럼
아름답게 나이든 그 여변호사처럼
그렇게 나이 들어가는 모습을
상상하는 것도 행복한 일이다.

이 가을에, 내 삶이 좀 더 바빠지지 않을까 싶다.

재하지 않을 것이라고 단정했던 생각을 바꾸고 싶었다. 사랑하며 못 만나는 고통이 따른다 해도 사랑하는 것은 사랑하지 않는 것보다 훨씬 낫다. 사랑하다 잊혀지는 슬픔이 있다한들 애초부터 사랑하지 않은 것과는 다르다. 사랑은 영원하지 않아서 비동시성으로 인한 고통을 수반한다 해도 오히려 그 이치를 체득한 열정이기에 더 아름다울 것이다.

멋진 할머니 되기 위해 정진하세요. 딸의 말을 재생시켜본다. 멋지게 살지 않으면 멋진 할머니가 될 수 없는데, 그 멋진 할머니 되기 위한 삶은 어떤 것일까. 아름다운 중년의 그 여배우처럼, 아름답게 나이든 그 여변호사처럼 그렇게 나이 들어가는 모습을 상상하는 것도 행복한 일이다. 이 가을에, 내 삶이 좀 더 바빠지지 않을까 싶다.

"그게 진짜 사랑일까?"

사랑의 방법에 대하여

정목일

두어 번 뿐인 달빛 속의 만남은
평생토록 잊히지 않고 달이 되어 다시 떠오르곤 하였다.
달은 메말랐던 가슴에 은빛의 노래를 채워주는,
영원한 그리움이었다.
아마 눈을 감을 때까지 사라지지 않을 것이다.

달빛 사랑

'달밤이었어……'

풀벌레 소리가 자욱하였다. 달빛과 풀벌레 소리 위를 걷고 있었다. 달이 너무 밝아 마음마저 눈부셨고, 혹시 누군가 볼세라 가슴은 두근거리는데……. 그런 모습이 달빛 속에 비칠 것만 같았다. 달에 이끌려서 동구 밖 정자나무 밑으로 갔다. 약속은 하지 않았다. 다만 마주치는 한 번의 눈빛으로 말하였을 뿐이고, 저쪽도 그 마음을 알아차려 고개를 까딱한 것을 믿었다. 달은 중천에 떠올라 고요의 한 가운데 있었다. 달에게로 가면 틀림없이 님이 와 있으리라 생각했다. 마침내 정자나무 곁에 다가섰다.

'님이 오시지 않으면……'

발자국 소리조차 나지않게 사뿐히 나무 밑으로 갔다. 님의 모습이 보였다. 얼굴도 들지 않았지만 서로의 마음이 흘러서 이렇게 정자나무 아래서 만났다는 기쁨에 가슴이 방망이질쳤다. 오로지 달과 나무와 님만의 세계-몇 마디 말조차 나누지 않았다. 달이 가는 행로를 말없이 바라보는 것만으로도 가슴이 벅차올랐고 서로의 마음을 들여다 볼 수 있었다. 입으로 말하지 않아도 풀벌레 소리가 말해주고 있었다. 바람에 흔들리면서 나뭇잎이 말해주고 있었다. 맑은 밤하늘에 빛살을 그으며 떨어지는 별똥별이 말해 주었다. 은하수가 가슴까지 흘러오고 있었다. 침묵속에 길들어져 있어 내색하지 않았던 수많은 사물과 이야기들이 갑자기 반짝거리며 다가오고 있었다. 말하지 않아도 포근하고 아름다웠다.

'아무 약속도 없이 몇 마디 말도 없이 헤어졌지. 달만 바라보아도 좋았지……'

첫 만남 이후부터 달만 뜨면 님 생각이 간절해졌다. 달을 보고서 무슨 생각에 잠겼는지 님은 아실까. 님도 저 달을 보면서 내 생각을 하고 계실까. 달이 점점 둥글어가면 그리움도 짙어갔다. 보름달 밤이면 벅찬 가슴을 가까스로 진정시켜 동구 밖 정자나무로 향하고 있었다. 달을 따라 가고 있었다. 환한 달밤에 님과 단둘이 정자나무 밑에 앉아있는 모습을……. 말하지 않아도 달과 별에게 고요히 맹세한 사랑을……. 두어 번 뿐인 달빛 속의 만남은 평생토록 잊히지 않고 달이 되어 다시 떠오르곤 하였다. 달은 메말랐던 가슴에 은빛의 노래를 채워주는, 영원한 그리움이었다. 아마 눈을 감을 때까지 사라지지 않을 것이다.

편지 사랑

중년의 사랑얘기는 편지로부터 시작된다. 핑크빛 종이 위에 몇 번이나 찢었다가 다시 쓴 깨알 같은 글씨-. 한밤중에 몰래 깨어나 마음속에 촛불을 켜놓고 쓴 편지-. 직접 대면한다는 것은 너무나 두려운 일이기에 편지로 자신의 마음을 전한다. 한 장의 편지를 보내기 위해 얼마나 많은 시간을 번뇌하였으며 불면의 밤을 지새워야 했던가. 연서를 쓰는 시간엔 이 세상에 님과 단둘만 존재하는 듯 느껴졌다. 편지에 붙여 보내기 위해서 풀밭을 헤매며 네잎클로버를 찾고, 단풍잎을 책갈피 속에 넣어두는 정성도 기울였다.

짝사랑하는 사람에게 발신처를 알리지 않고 보낸 많은 편지들은 그 사람을 내 연인으로 만들고 싶은 소망도 있었지만, 사랑하는 대상을 발견하고 마음을 전할 수 있어서 행복하였다. 가난 속에 어려운 삶을 겪어야 했던 장년기의 사람들에겐 연애편지를 보내는 것만으로도 자신의 고통스런 삶을 스스로 위로하고 정신적 어둠을 벗는 효과가 있었다. 연애편지야 말로 인생에 있어서 가장 순수하고 아름다운 마음이 담긴 삶의 기록이며 진술이었다. 그것은 인생의 눈부신 광채요, 지순한 마음의 꽃향기였다. 그 편지 한 통으로 이 세상을 다 얻은 듯 환희에 차올랐으며 용기가 분수처럼 뿜어 올랐다. 아직도 사춘기에 보냈던 편지 한 장을 가슴 속에 넣어두고 가끔씩 첫사랑을 들춰보곤 한다.

휴대폰 사랑

오늘의 젊은 세대들의 사랑은 휴대폰 신호음으로 날아온다. 편지를 주고받을 마음의 여유가 없다. 언제라도 서로를 확인하고 싶다. 함께 숨 쉬고 느끼고 있음을 알고 싶어 한다. 부를 때 응답할 수 있는 거리가 그들의 사랑의 거리다. 삶이란 갈수록 급박한 물결을 이루며 흘러가고, 항시 서로를 찾고 부르지 않으면 언제 스쳐갈지 모른다. 휴대폰은 서로를 묶어주는 마음의 띠다. 휴대폰이 있으므로 두 사람이 연결돼 있다는 것은 얼마나 든든한 일인가. 서로 보이지 않는 곳에 있을지라도, 항상 연락이 닿을 수 있다는 것은 얼마나 큰 위안이며 힘인가. 젊은 세대들은 휴대폰을 통해 그들만의 언어를 나누고 사랑을 키운다. 그들의 언어는 편지로 장황하게 늘어놓는 게 아니라, 언제 어디서나 휴대폰을 통해 자신의 마음을 솔직하고 대담하게 전달한다. 말이 기호화되기도 하여 간단명료하고 군더더기가 없다. 과정이 필요 없고 결과만이 전달된다. 둘의 시간과 공간을 한데 얽어맬 수 있지만 사랑의 열기도 빨리 식고 이별도 그만큼 빠르다. 휴대폰 사랑은 조금도 참지 못하고 항상 확인하지 않으면 견딜 수 없는 세대의 사랑이다.

사랑의 율

사랑법이 시대에 따라서 달라지게 마련이듯이 그 가락도 달라졌다. 농경시대는 달의 운행과 주기에 따라 농사를 짓던 때였으므로 삶의 가락은 자연스레 달빛에 젖어 있었다. 보름달이 져서 다시 떠오르기까지 한 달의 긴 여유가 있어 사랑도 성급할 필요가 없었다. 서서히 키운 사랑이어서일까. 한 번 맺은 달빛 사랑은 달빛만큼이나 맑고 환상적이었으며 오래오래 가슴에 머물렀다.

산업 시대의 사랑법은 편지가 오가는 시일인 보름 간의 가락으로 바뀌어졌다. 우체국과 집배원만 보아도 혹시 님에게서 편지가 올까 기다림에 빠지곤 했다. 편지가 가고 올 수 있는 시간이 편지 사랑의 가락이었고 둘을 이어주는 거리이기도 했다.

정보 시대에 들어와선 즉각 반응하는 '전화'라는 통신수단이 있어 기다림이 없다. 신호체계이며 기호문자로 소통하고 교감한다. 언제든지 필요하면 부르고 응답할 수 있어야 한다. 삶의 속도가 지금보다 더 빨라지면 사랑의 표현법은 또 어떻게 달라질까. 유행은 오히려 복고풍으로 되돌아가기도 한다는데…….

휴대폰 사랑보다 편지 사랑이, 또 이 보다는 달빛 사랑이 훨씬 더 맑고 잊혀지기 않는 까닭은 무엇일까. 자연 속에서 오랫동안 마음에 꽃 핀 사랑이어서가 아닐까. 나는 가끔 그리움 속에 떠올라 가슴을 가득 채워주는 달빛 사랑을 꿈꿔보곤 한다.

나는 가끔 그리움 속에 떠올라 가슴을 가득 채워주는 달빛 사랑을 꿈꿔보곤 한다.

초판 발행 2009년 11월 30일
지은이 대표에세이 문학회

펴낸이 안창현 펴낸곳 코드미디어
북 디자인 Micky Ahn 편집디자인 장민서
교정 교열 이진, 황기도
등록 2001년 3월 7일
등록번호 제 25100-2001-5호
주소 서울시 은평구 갈현1동 419-19 1층
전화 02-6326-1402 팩스 02-388-1302
전자우편 codmedia@codmedia.com

ISBN 978-89-962704-6-1-03810

정가 10,000원